THÉOPHILE GAUTIER.

LA

PEAU DE TIGRE

PARIS. — 1852.

HIPPOLYTE SOUVERAIN, ÉDITEUR,

5, RUE DES BEAUX-ARTS.

LA PEAU DE TIGRE.

III

PUBLICATIONS PROCHAINES :

LE DERNIER ROI
Par ALEXANDRE DUMAS.
Ouvrage complétement inédit.

DERNIER RÊVE DE JEUNESSE,
Par ED. de BEAUMONT-VASSY.

MÉMOIRES DE TALMA
ÉCRITS PAR LUI-MÊME
ET RECUEILLIS
Par ALEXANDRE DUMAS.
Tomes V et VI.

UN NOUVEAU ROMAN
Par MAXIMILIEN PERRIN.

LE GOLGOTHA DES MARCHANDS
Par ALFRED VILLENEUVE.

LES PROSCRITS DE SYLLA
Par FÉLIX DERIÉGE.

UN NOUVEL OUVRAGE
Par ALPHONSE BROT.

LES SOUPERS DU DIRECTOIRE
Par Jules de SAINT-FÉLIX.

Paris. — Imprimerie de H. V. de Surcy et Cⁱᵉ., rue de Sèvres, 37.

THÉOPHILE GAUTIER.

LA

PEAU DE TIGRE.

III

PARIS. — 1852.

HIPPOLYTE SOUVERAIN, ÉDITEUR,

5, RUE DES BEAUX-ARTS.

LA TAUROMACHIE.

LA TAUROMAQUIE.

LA TAUROMACHIE.

L'on a fait beaucoup de descriptions de courses de taureaux, plus ou moins exactes, à des points de vue différents.

Presque toutes commencent par des considérations élégiaques sur la férocité de ces jeux sanglants.

Notre manière de voir n'est pas la

même, et nous partageons là-dessus les idées espagnoles. Nous trouvons que ce spectacle est noble, héroïque, et digne d'un peuple vaillant ; il démontre la supériorité du courage sur la force brutale, et de l'esprit sur la matière.

Cette lutte, où le combattant le plus faible est presque toujours vainqueur, et cela par le sang-froid, par l'appréciation juste du danger, inspire à l'âme des spectateurs un sentiment de fierté bien différent du trouble où les laissent les émotions de théâtre. C'est une impression mâle, énergique, robuste, et préférable aux mélancolies romanesques, aux aspirations sans but ou vers des régions inaccessibles, que font naître dans l'esprit du peuple les représentations scéniques, en lui découvrant un monde où il ne doit jamais entrer.

Quand Montès vient d'abattre un taureau par une de ces estocades étincelantes, rapides comme la foudre et la pensée, et qu'il est applaudi par des milliers de mains brunes et de mains blanches, il n'est personne qui ne désirât être à sa place.

C'est un héros dans la force du terme, et, quoi qu'en puissent dire les poltrons, jouer sa vie sur un coup de dé est une belle chose, que ce soit pour conquérir un trône ou un applaudissement.

Les toreros cependant ne courent pas autant de risque que l'on pourrait le croire ; ils sont exercés de longue main, et les accidents sont réellement assez rares : c'est tout au plus si, année moyenne, l'on compte, pour toutes les Espagnes, un ou deux cas de mort, et une douzaine de blessures ayant quelque gravité.

C'est trop sans doute, mais il faut penser que les courses ont lieu pendant six mois, et presque toutes les semaines dans beaucoup de localités. Si l'on marquait ce qu'il y a, en France, d'écuyers, d'acrobates et de faiseurs de tours qui se rompent le cou, l'on arriverait à un chiffre bien plus élevé.

Ferdinand VII, *el rey neto*, grand amateur de courses, avait fondé à Séville un Conservatoire de *toromaquia*, où des élèves choisis étaient dressés, aux frais du gouvernement, à tuer les taureaux d'après les règles de l'art et avec les finesses les plus exquises.

On commence d'abord par exercer les élèves sur un taureau de carton, auquel ils détachent des estocades, à peu près comme lorsqu'on tire le fleuret au mur.

Quand ils ont acquis assez de précision et qu'ils touchent fréquemment les bonnes places (derrière les cornes, à la racine du cou, ou entre les deux épaules), on les met face à face dans l'arène avec de jeunes taureaux de deux ou trois ans qu'on nomme *novillos;* l'extrémité de leurs cornes est garnie de lanières de cuir entrelacées de manière à former une boule, et ils s'appellent, à cause de cela, *embolados.* De cette façon ils ne peuvent faire de mal, et le seul danger que coure le jeune torero, c'est d'être renversé et foulé aux pieds.

Lorsque les élèves sont tout-à-fait sûrs de leurs coups, ils s'attaquent à des taureaux sérieux ; les professeurs sont à côté d'eux pour les soutenir en cas de péril. Après trois ou quatre années d'études, les apprentis toreros sont en état de paraître dans la place.

Cependant bien des maîtres célèbres n'ont pas suivi cette route : ils ont d'abord été *banderilleros, capeadores,* avant de devenir *espadas.*

Le grand Montès, le digne descendant des Romero, des Martincho, des Pepe-Illo, a écrit un traité spécial où il analyse minutieusement les qualités que doivent avoir les *toreros;* les différentes *suertes* ou *cogidas,* la manière d'agiter la cape, d'appeler le taureau, de se servir de la *muleta,* et toutes les ressources du métier. Plusieurs chapitres sont consacrés à la connaissance et à l'appréciation des taureaux, et ce ne sont pas les moins curieux de l'ouvrage.

En effet, de la justesse de coup d'œil du torero dépendent sa sûreté et sa vie.

Les taureaux ont des caractères différents et ne se conduisent pas tous sur la place de la même manière : un torero habile, dès les premiers pas que fait une bête dans l'arène, comprend si elle est lourde *(aplomadoa)*, ou légère *(de demuchas plernas)*, franche ou sournoise, si elle a la vue basse ou longue, chose d'une extrême importance : ces défauts et ces qualités se distinguent à des signes certains ou presque certains pour des yeux exercés comme ceux de Montès et des maîtres célèbres.

Une chose importante, c'est que les taureaux n'aient jamais paru sur la place.

Ceux qui ont déjà figuré dans quelque course en qualité de *novillos* sont beaucoup plus dangereux que les autres ; ils manquent de *scercillez* (franchise), se défient, se tiennent sur leurs gardes, et mettent à profit leur expérience. C'est par un taureau de cette nature que fut tué le fameux Pepe-Illo.

Un bon taureau de course doit être âgé de quatre ou cinq ans, et avoir été élevé dans un pâturage *(ganaderia)* éloigné de toute habitation humaine, de façon à conserver toute sa sauvagerie. Il doit avoir les jambes sèches, l'épaule large, le fanon développé, les cornes longues, évasées en croissant.

Les plus estimés viennent d'Utrera et des montagnes de l'Aragon. On les amène soit au moyen d'une vache qu'ils suivent, soit en les mêlant à de grands bœufs qui ont des sonnettes au cou ; des bergers à cheval, armés de lances, les conduisent aux lieux de leur destination, en évitant les endroits fréquentés et ne marchant que la nuit.

A Madrid, on va les voir, la veille de la course, parqués dans un pré qu'on appelle *el Arroyo*. Cette promenade n'est pas sans quelque danger : les amateurs, les dilettanti, qui portent en Espagne le nom d'*aficionados*, observent les gladiateurs cornus, se passionnent pour tel ou tel animal et tirent des augures favorables ou défavorables pour le lendemain ; les défauts et les qualités des taureaux sont analysés avec une sagacité merveilleuse.

La nuit même qui précède la course, on les enferme dans des loges formées de poutres, qui s'ouvrent et qui se ferment avec des portes assez semblables à des vannes de moulin. Ils ne sortent de là que pour s'élancer dans l'arène.

A travers les interstices des poutres, on harcèle de piqûres ceux d'entre eux qui paraissent d'humeur pacifique, et l'on ne néglige rien pour leur aigrir le caractère. On leur fait des frictions d'acide nitrique, qui les exaspère au plus haut degré.

Chaque taureau porte au cou, piquée dans le cuir par une aiguillette, une touffe de rubans appelée *divisa*, et dont la couleur sert à faire reconnaître le pâturage et l'éleveur auxquels il appartient. La couleur des *divisas* est indiquée sur l'affiche des courses avec les noms des provinces et des propriétaires, à peu près comme sur les programmes des courses de chevaux se trouvent indiquées les nuances des casaques que portent les jockeys.

Tous les taureaux qui paraissent sur la place dans des localités d'importance secondaire, ne sont pas inévitablement mis à mort. Alors l'affiche mentionne cette particularité dans les termes suivants : *Se lidiaran seis toros, siendo dos de muerte* (on combattra six taureaux, dont deux à mort). Mais, à Madrid, le carnage est complet, et nul taureau ne sort vivant de l'arène.

Le nombre des victimes est ordinairement de huit, qui éventrent chacune deux ou trois chevaux avant d'être livrées au fer de l'espada. Cela forme une media-corrida (demi-course).

La corrida entière, comme elle se pratiquait anciennement et encore sous Ferdinand VII, aficionado enragé, avait deux actes, et consommait seize taureaux ; le premier acte se jouait le matin, et le second *a la tarde* (sur le tard), c'est-à-dire vers les cinq heures du soir,

Le second acte est le seul que l'on exécute maintenant devant un immense concours de monde, dans le Cirque, que l'on trouve à la gauche de la belle porte d'Alcala, en sortant de la ville.

Malgré les récits plus ou moins circonstanciés des voyageurs, il est encore peu de personnes qui se figurent bien nettement la disposition d'une *plaza* et la manière dont les choses s'y passent. Il nous convient de donner une idée complète de ce spectacle étrange, intéressant au suprême degré, et qui rend bien fades, pour ceux qui ont eu comme nous le bonheur d'y assister, toute espèce de représentations scéniques.

Goya, l'admirable auteur des *Caprices*, était un aficionado exalté : il passait sa vie parmi les toreros et ne manquait pas une course. Il a rendu, sous le titre de *Toromaquia*, dans une suite d'eaux-fortes mêlées d'aqua-tinta, avec cette fougue, cette fantaisie et ce caractère profondément espagnol qui lui sont propres, différentes scènes de courses depuis les Mores jusqu'à son temps, depuis Gazul, le Cid et Charles-Quint jusqu'à l'étudiant de Falces, à Martincho et à l'Américain.

C'est à ce recueil, qu'on ne trouve que fort difficilement en France et qui n'existe pas à la Bibliothèque Royale, que l'on pourrait emprunter des illustrations. Il serait impossible d'en avoir de plus locales et de plus fidèles.

L'arène est fort vaste; en général, ce drame a besoin de place pour se dérouler, et les petites dimensions d'une place le rendent plus dangereux. Celle de Cadix, une des moins grandes d'Espagne, est redoutée des toreros les plus intrépides : si les taureaux sont légers, ou, comme on dit en argo toromaquiste, de beaucoup de jambes (*de demuchas piernas*), il faut se tenir tout près des barrières; car on serait facilement atteint. Dans les vastes places, le toreros s'est bientôt mis hors de distance; car le taureau ne court vite que par l'impulsion du premier élan, et il se fatigue bientôt.

Les places de Madrid, de Séville, de Jeres, de Malaga, de Valence, que nous avons vues, peuvent contenir dix à douze mille personnes, ce qui fait aisément comprendre quelle doit être la grandeur de l'arène.

Autour de l'arène règne une barrière en planches de six à sept pieds de haut environ, qui s'appelle *las tablas*. Du côté de la place, les *tablas* sont garnies d'un rebord, ou cordon de charpente en saillie, qui donne aux toreros poursuivis la facilité de poser le pied pour franchir plus lestement la barrière. Les *tablas* sont éloignées de quatre ou cinq pieds du premier gradin de l'amphithéâtre, de manière à former un couloir par où circulent les gens de service.

Les places les plus recherchées sont celles du premier gradin, bien qu'elles soient les plus dangereuses; car le taureau franchit quelquefois la première enceinte; on les appelle *asientos de barrera* : c'est là que se mettent les aficionados, comme les amateurs de ballet aux stalles d'orchestre, les jours où dansent Taglioni, Ellsler ou Carlotta.

Les loges nommées *tertulias* ou *palcos* se trouvent en haut, sur le bord du vaste entonnoir formé par le cirque.

Quatre portes sont percées symétriquement dans la circonférence de l'arène : la première, qui se trouve en face de la loge de l'ayuntamiento, est le *toril;* c'est par là que les taureaux entrent dans la place. La seconde, en face, est le *matadero*, l'endroit où l'on entraîne les bêtes mortes, où l'on écorche les taureaux, etc. La troisième contient les écuries et le chenil ; et la quatrième, qui fait face à celle-là, donne sur le foyer des toreros ; c'est par là qu'ils entrent et sortent, c'est là qu'ils s'habillent et se retirent, s'ils sont blessés ou contusionnés.

Maintenant que nous vous avons donné une idée du *terrain,* nous allons vous décrire les acteurs.

Tous ceux qui s'adonnent à la toromaquia sont compris sous le nom générique de *toreros* ou *diestros ;* il est très-rare que l'on se serve du mot toreador.

Nous n'avons jamais entendu, en Espagne, quelqu'un se servir du mot toreador ni de celui de matador.

Les toreros sont divisés en plusieurs catégories, qui chacune ont une mission spéciale à remplir; le rôle de chaque acteur est très-nettement arrêté dans cette tragédie.

Le *picador* est celui qui subit la première attaque du taureau : il est posté à quelques pas de la porte du toril. Les qualités nécessaires pour être bon picador sont assez nombreuses : la première, c'est d'être excellent écuyer; la plupart du temps, ils ont affaire à des chevaux vicieux, sans moyens, ruinés ou mal dressés ; car la plaza de Toros est, pour les rosses espagnoles, ce que Montfaucon est pour les rosses parisiennes.

Comme très-souvent le picador est obligé de fournir sa carrière avec un cheval éventré et plus qu'à moitié mort, il faut qu'il excelle dans l'art de soutenir et d'éperonner sa monture. Il faut, en outre, qu'il soit d'une constitution athlétique et d'un certain poids pour résister à l'assaut de l'animal furieux.

Le picador est exposé à de fréquentes chutes ; son cheval est souvent renversé les quatre fers en l'air. Le talent est de tomber sous le corps du cheval, qui sert de bouclier et reçoit les coups de corne destinés au cavalier : l'arme du picador, ainsi que son nom l'indique, est une lance de six à sept pieds de long, garnie d'un fer de deux ou trois pouces, qui peut piquer et irriter l'animal, mais non lui causer la mort.

Pour que la hampe de cette lance ne lui glisse pas dans la main, le picador porte au pouce un doigt de peau. Avec cette lance *(vara)*, il doit frapper le taureau à l'épaule gauche et non ailleurs, et la précision de certains picadores est telle, qu'ils remettent plusieurs fois dans le même trou : un coup porté ailleurs déshonorerait le picador, et serait regardé comme le plus lâche assassinat.

Le picador, aussitôt que, sur le signe de l'alcade, le garçon de combat a ouvert les portes du toril, s'affermit sur ses arçons, abaisse sa lance et attend le choc, immobile sur son cheval, dont on a eu soin de bander les yeux.

S'il a le bras vigoureux et l'assiette ferme, le taureau passe après avoir pesé sur la lance, et court, emportant à l'épaule une blessure qui ne tarde pas à rayer sa peau noire de filets pourpres, vers le second picador posté, le long des tablas, à quelque distance du premier.

Souvent le taureau, s'il est ce qu'on appelle un taureau clair *(claro)*, fonce sur le picador sans tenir compte des piqûres de la *vara*, et fouille à grands coups de corne le ventre ou le poitrail du cheval. Cette position est assez critique, car, ainsi travaillé, le pauvre cheval ne peut manquer de s'abattre et de tomber sur le flanc.

Le picador s'accroche alors aux tablas et se réfugie dans le couloir; ou bien il se couvre avec le corps de sa monture, en attendant que les *chulos* viennent le délivrer, ce qu'ils font en agitant devant le mufle du taureau des capes de couleurs brillantes, dont le stupide et farouche animal se met à poursuivre les plis voltigeants et trompeurs, abandonnant, pour cette ombre vaine, une vengeance assurée, et qu'un coup de corne de plus aurait accomplie.

Le costume du picador mérite d'être décrit : il consiste dans de grands pantalons de peau de buffle, dont les jambes, surtout la droite, qui est plus exposée aux chocs, sont matelassées et garnies de tôle; dans une veste courte de velours rouge-orange ou bleue, enjolivée de broderies, de boutons, d'aiguillettes, d'ornements de toutes sortes aux coudes, aux parements, aux épaulettes, et jusque dans le milieu du dos; — un gilet également brodé; une large ceinture de soie; un chapeau gris à larges bords, tout orné de rubans, et assez semblable à celui de nos forts de la halle, complètent l'ajustement. La selle est haute par devant et par derrière; les étriers, de bois, ont la forme des étriers turcs, et présentent au fond un point d'appui large et solide.

Il faut vraiment que les picadores soient de fer pour résister à des secousses si violentes, à des chutes si rudes. Il est vrai que le sol de l'arène est préparé comme celui du Cirque-Olympique, ce qui diminue le danger.

Les picadores les plus renommés aujourd'hui sont : Sevilla, Fabre Rodrigues, Juan de Dios Dominguez, Tonquin Evisto, Antonio Sanchez, Jose Trigo, Joaquin Coito et Francesco Briones, de Puerto-Réal ; mais Sevilla surtout est sans rival.

Le *capeador*, ou *chulo*, vient immédiatement après le picador. Le capeador doit être jeune, svelte et bon coureur. Il n'a pour arme qu'un manteau *(capa)* de taffetas, ou de percale gommée de couleur brillante, rose vif, bleu clair, jaune paille, vert pomme, qui puisse attirer facilement l'attention de la bête farouche.

Le chulo sert à distraire le taureau, à le faire changer de place, à lui donner le change quand un picador désarçonné se trouve en danger de recevoir quelque coup de corne; cela s'appelle, en style technique, *capear* ou *sacar decapa;* on dit aussi *trastear*.

Aucun de ces mots du dictionnaire tauromaquiste n'a d'équivalent ni en français ni dans aucune langue; ils appartiennent exclusivement à l'Espagne, comme les choses qu'ils représentent.

Les *suertes* de capa les plus usitées sont la *veroniqua*, la *navarra el chatre*, les *recortes* et les *galleos*. La *veroncia* et surtout la *navarra*, s'emploient fréquemment : pour les exécuter, le *chulo* se place droit devant le taureau, l'appelle *(cita)* sur sa *juridiction*, c'est-à-dire le fait sortir de son terrain, tend les bras, et lui secoue sa cape devant les yeux et gagne au pied ; dans la *navarra*, l'homme, après avoir agité son manteau sur le mufle de l'animal, fait un saut de côté pour le laisser passer. Ces exercices brillants et gracieux n'offrent que fort peu de danger ; si le diestro est trop vivement poursuivi, il n'a qu'à jeter sa cape derrière lui, la bête furieuse s'en empare, la déchire, la foule aux pieds, la lacère de coups de corne, la jette en l'air, s'embarrasse dans les plis, et se fait des turbans que les marchandes de modes n'ont pas prévus.

Ces *suertes* l'excitent et le fatiguent en même temps. Au lieu de courir jusque sur le terrain du *diestro*, le taureau commence à ne plus poursuivre la cape que pendant quelques pas, au bout desquels il revient à sa *querencia*.

Il faut donc quelque chose de plus vif, de plus aigu pour aviver sa colère qui s'éteint. Le moment est arrivé de poser les banderillas.

Quand le quadrille (on nomme ainsi la troupe que tout matador enmène avec lui) n'est pas nombreux, les capeadores font l'office de banderilleros; mais assez souvent *les suertes de banderillas* sont exécutées par des acteurs spéciaux. Elles exigent beaucoup d'adresse, de sang-froid et de légèreté, et pourraient devenir aisément dangereuses.

Les *banderillas* consistent en flèches de trois pieds de long à peu près, ferrées d'une pointe à crochet pour s'implanter dans le cuir, et garnies de découpures de papier qui bruissent et papillotent.

Le banderillo va au-devant du taureau, dont il éveille l'attention en choquant l'une contre l'autre ses flèches barbelées.

Le taureau sort de son terrain, passe sur celui du banderillero, baisse la tête, *s'humilie* en termes techniques, pour lui donner la cogida; c'est le moment de poser les dards, ce qui s'exécute en étendant les bras au-dessus des cornes, les pointes des flèches tournées en bas et un peu séparées de manière à ce qu'il en entre une dans chaque épaule, : si l'animal a été bien manégé par les capeadores, c'est-à-dire si le manteau lui a été jeté très-bas, de façon à l'accoutumer à bien baisser la tête, les *suertes de banderillas* se font avec grâce et sécurité. Elles sont plus difficiles et plus dangereuses quand le taureau tient les cornes hautes.

Une appréciation très-juste des dispositions de la bête, du degré de colère et de fatigue où elle est arrivée, de sa légèreté, du côté par lequel le coup de corne lui est plus facile, ce qui se connaît par le mouvement plus rapide de l'oreille, est tout-à-fait indispensable au banderillero.

Quand le taureau a sur les épaules trois ou quatre paires de banderillas, il est suffisamment préparé à la mort.

L'espada, qui jusqu'alors a été

spectateur impassible, en apparence, des divers événements de la course, son épée à la main, sa muleta sur le bras (espèce de voile rouge fixé sur un bâton), mais qui n'a pas cessé d'observer les qualités, les défauts, les habitudes du monstre écumant avec lequel il va entrer en lutte, s'avance vers la loge de l'ayuntamiento et demande la permission de donner l'estocade.

Cette permission accordée, l'espada jette sa montera (sorte de coiffure) en l'air, pour montrer qu'il joue son va-tout, et se dispose à sa périlleuse besogne.

Voici, d'après Montès, l'idéal du

torero : personne, à coup sûr, n'en a plus approché que lui.

Le torero doit être doué par la nature de certaines qualités particulières ; s'il n'est pas très-rare de les rencontrer réunies dans le même individu, il est, du moins, peu fréquent qu'elles se déploient dans tout leur éclat.

Les qualités indispensables au torero sont : la valeur, la légèreté et une parfaite connaissance de sa profession.

Les deux premières naissent avec l'homme, la troisième s'acquiert.

La valeur est si nécessaire à celui qui veut devenir torero, que sans elle il ne pourra jamais arriver à l'être ; mais il faut que cette valeur n'aille pas jusqu'à la témérité et ne recule pas jusqu'à la peur : l'une et l'autre extrémité peuvent attirer beaucoup de malheurs et peut-être la mort.

Celui qui sera téméraire, et qui voudra exécuter un coup sans que le taureau soit dans la situation voulue, pour montrer ainsi son courage et son habileté, loin d'arriver à son but, fait preuve de manque de jugement et de peu de connaissances, et par le seul effet du hasard sortira sain et sauf d'une rencontre qui pouvait lui être fatale.

Celui qui, au contraire, laisse passer par crainte le moment opportun d'exécuter la *suerte,* ou ne comprend pas bien sa position, ou ne voit pas arriver le taureau, conséquences de la peur qu'il en a, sera toujours en danger d'être atteint. Ses rencontres seront très-périlleuses, le jugement lui défaillant pour éviter le taureau, et ce sera un miracle s'il ne finit pas ses jours sur les cornes de cette bête féroce.

Il est nécessaire d'éviter ces deux extrêmes avec soin; la vraie valeur est celle qui vous maintient devant le taureau dans la même sérénité que s'il n'était pas là, et vous laisse assez de sang-froid pour décider sur-le-champ ce qu'il faut faire avec la bête.

Celui qui possède cette valeur a la plus importante qualité du torero, et il peut être assuré qu'en y réunissant les deux autres, il jouera les taureaux sans le plus petit risque.

La légèreté est une autre qualité tout-à-fait indispensable à celui qui veut s'adonner à la tauromachie; mais il ne faut pas croire que la légèreté du torero consiste à se mouvoir perpétuellement d'ici là sans tenir un instant en place ; c'est un défaut très-grand, et auquel on reconnaît un mauvais torero. La légèreté dont nous parlons consiste à courir droit avec beaucoup de vitesse, à se détourner, à se garer, à changer de direction avec une grande célérité.

Il est aussi nécessaire au torero de bien sauter; mais où sa légèreté s'apprécie le mieux, c'est dans les mouvements qu'il est nécessaire d'exécuter dans les *embroques de corto* pour se préserver des coups de corne. (*Embroque* se dit de la position où se trouve le diestro vis-à-vis du taureau, et dans laquelle il recevrait un coup de corne s'il n'en changeait.)

Celui qui possède cette agilité a beaucoup de chance pour que le taureau ne l'attrape jamais, et il est indispensable d'en être doué pour exécuter avec sécurité les *recortes*, les *galleos*, etc.

Il y a une remarque à faire relativement à cette dernière espèce de légèreté ; c'est que, lorsque celui qui la possède bien est arrivé, à cause de l'âge, à perdre les pieds, il la conserve longtemps encore de manière à déployer sur l'arène la même supériorité magistrale qu'au temps où il avait toute sa vigueur.

Nous en avons des exemples frappants dans les matadores; car nous voyons des hommes qui sont lourds, même pour marcher, parce qu'ils passent la soixantaine, et qui tuent un taureau avec une légèreté incroyable, exécutant des mouvements très-rapides, des sauts violents, et usant de leurs pieds avec la même utilité et la même perfection que lorsqu'ils ne comptaient pas plus de trente ans.

Celui qui, avec les deux qualités susdites, s'adonne à la tauromachie, finira par la pratiquer heureusement, à la condition expresse d'y joindre une parfaite connaissance de l'art. Cette connaissance, il est facile de l'acquérir, et elle est si nécessaire, que sans elle l'homme qui ira se placer devant les taureaux deviendra leur victime, même quand il aurait les autres qualités.

La valeur sans la connaissance ne lui servira qu'à ne pas chanceler en allant se jeter à la tête du taureau, et la légèreté qu'à le faire blesser plus vite.

Par conséquent, la connaissance est la principale qualité du bon torero; elle doit être son guide dans toutes les *suertes*; la valeur lui servant à ce qu'aucune ne le trouble, et la légèreté pour les accomplir avec sécurité et perfection.

La nécessité de connaître à fond les règles de l'art est évidente en faisant cette seule réflexion, que les taureaux ne laissent pas le temps de consulter les livres ni les traités, et encore moins de méditer.

C'est pour cela qu'il ne faut se présenter, même devant la bête la plus franche, que bien instruit de tout ce qu'il est possible de savoir ; alors, d'un seul coup d'œil, le torero comprendra les habitudes naturelles et accidentelles du taureau, sa classe, ses jambes et la manière dont les *suertes* doivent être divisées : il connaîtra le moment opportun de les exécuter et, aidé par la valeur et la légèreté, il les pratiquera avec succès, sérénité et désinvolture.

« Il ne sera jamais bon torero celui qui ne possède pas à la perfection toutes ces qualités; sa vie sera continuellement en péril; il n'exécutera proprement aucune suerte, et n'obtiendra pas l'approbation des spectateurs intelligents. Je lui conseille amicalement et avec sincérité de chercher un autre métier s'il est torero de profession, et s'il est amateur, de ne pas se risquer avec des bêtes de plus de trois ans, de les choisir d'une nature franche, et, pour diminuer le danger, de leur mettre des boules ou de leur scier la pointe des cornes. »

Tel est l'avis de Montès, et personne n'en peut nier la justesse.

Le costume de l'espada est d'une

grande élégance et souvent d'une grande richesse : culotte courte, veste de satin brodée d'or ou d'argent, ceinture et bas de soie, fin soulier, coquette montera ; rien n'y manque.

Tel de ces costumes a coûté quinze cents ou deux mille francs.

Les armes du matador sont une longue épée à la poignée en croix, et la *muleta*, carré long d'étoffe de couleur rouge ajusté sur un bâton. La muleta lui sert à exciter le taureau, à lui donner le change, et surtout à l'*humilier*, c'est-à-dire à lui faire baisser la tête, position nécessaire pour certaines estocades.

Il y a différentes *suertes de muerte*

(coups de mort), qui s'exécutent avec quelques variations nécessitées par le caractère et la nature des taureaux.

Une des plus usitées est celle qu'on nomme *a toro recibido*.

Le matador se porte en face de l'animal, l'appelle sur son terrain en faisant des passes avec la muleta, et, lorsqu'il fond sur lui, étend entre ses cornes le bras qui tient l'épée. Le taureau s'enferre lui-même, et le torero fait un saut de côté qui le met hors d'atteinte.

L'estocada de vuela pies, dont on attribue l'invention à Joacquin Rodriguez, exige, au contraire, que le taureau soit complètement immobile; c'est un des plus beaux coups que l'on puisse voir, et lorsqu'il est bien réussi, l'animal tombe aux pieds de l'homme sans avoir perdu une goutte de sang et comme frappé par la foudre. C'est vraiment un spectacle étrange et surprenant de voir l'immobilité de la mort succéder si rapidement à toute cette fureur et à toute cette agitation.

Il y a aussi d'autres coups d'un emploi moins fréquent : *l'estocada a la carrera, a media vuelta, a paso de banderillas*, mais qui servent à varier les courses, et sont d'un excellent recours contre les taureaux revêches, poltrons ou malicieux, qui ne se présentent pas avec franchise.

Il nous serait difficile de donner à nos lecteurs une idée de ces différents coups, les termes techniques de la tauromachie n'ayant pas d'équivalent dans notre langue, et chaque mot exigeant une périphrase ou un commentaire.

La mort immédiate du taureau n'est pas toujours la conséquence de ces estocades : il arrive souvent que l'épée, entrant de haut, rencontre les os et rejaillit hors de la blessure : il faut alors revenir à la charge. Les toreros les plus habiles ne réussissent pas toujours du premier coup.

Les estocades produisent immédiatement la mort lorsque, pénétrant entre deux vertèbres, le fer tranche la moelle épinière, ou atteint ce que les toreros appellent la *erradura*. Ce coup tue le taureau, même quand l'épée n'est entrée qu'à moitié.

On connaît que l'épée a coupé la erradura lorsqu'elle est entrée obliquement, un peu basse, et dans la poitrine; le taureau reste encore quelques minutes sur pied, mais sans force, et tombe bientôt mort, sans répandre de sang, ni par la blessure, ni par le mufle.

Le torero, qui vient d'exécuter ce coup, laisse le taureau tout seul, par manière de gentillesse, et salue les spectateurs incertains, qui attendent la chute de l'animal.

Quelquefois, lorsque la blessure n'est pas assez profonde pour causer la mort, il faut que le torero ou un chulo agite devant la tête de l'animal la *capote*, ou la *muleta*, pour l'étourdir et le faire tomber. Alors s'avance le *cachetero*, armé de sa *puntilla*, dont il frappe le taureau derrière la racine des cornes, de façon à traverser la cervelle.

Cette opération s'appelle *cachetar*.

Certains coups, nommés *golletes*, font vomir beaucoup de sang à l'animal et sont, à cause de cela, peu estimés. Parfois les taureaux sont si lâches qu'il est impossible de les déterminer à faire un pas, ce qui nécessite l'emploi de la *media luna*, espèce de croissant à l'aide duquel on leur coupe les jarrets de derrière : rien n'est plus hideux, et l'on ne recourt à ce moyen qu'à la dernière extrémité.

Les anciens maîtres José Candido, Lorencillo, José Delgado, Romero, renchérissaient encore sur les dangers naturels que présentent les courses. Romero, par exemple, donnait l'estocade de mort, les fers aux pieds, assis sur une chaise, et n'ayant pour *muleta* que son chapeau.

El Americano attaquait la bête,

monté sur un autre taureau sellé et bridé.

Le licencié de Falces se présentait devant l'animal, embossé dans son manteau, c'est-à-dire n'ayant pas les bras libres.

Ces coquetteries de témérité sont un peu tombées en désuétude, bien que Montès, dans ses jours de bonne humeur, se permette avec le taureau une infinité de pasquinades qui seraient dangereuses pour tout autre que lui.

Lorsque le *cachetero* a terminé son office, un attelage de mules pompeusement harnachées, s'élance dans la place, et emporte les victimes avec une rapidité éblouissante. Les trompettes sonnent, les portes du toril se rouvrent, et un autre acteur à quatre pieds vient jouer son rôle sur ce théâtre où nul ne reparaît deux fois.

LA
MAISON DE MON ONCLE.

LA
MAISON DE MON ONCLE.

Lorsque je suis seul, et que je n'ai rien à faire, ce qui m'arrive souvent, je me jette dans un fauteuil, je croise les bras, puis, les yeux au plafond, je passe ma vie en revue.

Ma mémoire, pittoresque magicienne, prend la palette, trace à grands traits et à larges touches, une suite de tableaux diaprés de couleurs les plus étincelantes et les plus diverses; car, bien que mon existence extérieure ait été presque nulle, au-dedans j'ai beaucoup vécu.

Ce qui me plaît surtout dans ce panorama, ce sont les derniers plans, la bande qui bleuit et touche à l'horizon, les lointains ébauchés dans la vapeur, — vagues comme le souvenir d'un rêve, — doux à l'œil et au cœur.

Mon enfance est là, joueuse et candide, belle de la beauté d'une matinée d'avril, — vierge de corps et d'âme, souriant à la vie comme à une bonne chose. — Hélas! mon regard s'arrête complaisamment à cette représentation de mon moi d'alors, qui n'est plus mon moi d'aujourd'hui! — J'éprouve en me voyant une espèce d'hésitation : comme lorsqu'on rencontre par hasard un ami ou un parent, après une si longue absence qu'on a eu le temps d'oublier leurs traits, j'ai quelquefois toutes les peines du monde à me reconnaître. — A dire vrai, je ne me ressemble guère.

— Depuis, tant de choses ont passé par ma pauvre tête! — Ma physionomie physique et morale est totalement changée...

Au souffle glacial du prosaïsme, j'ai perdu une à une toutes mes illusions; elles sont tombées dans mon âme, comme les fleurs de l'amandier par une bise froide, et les hommes ont marché dessus avec leurs pieds de fange; ma pensée adolescente, touchée et polluée par leurs mains grossières, n'a rien conservé de sa fraîcheur et de sa pureté primitives; sa fleur, son velouté, son éclat, tout a disparu; comme l'aile du papillon qui laisse aux doigts une poussière d'or, d'azur et de carmin; elle a laissé son principe odorant sur l'index, et le pouce de ceux qui voulaient la saisir dans son vol de sylphide.

Avec la jeunesse de ma pensée, celle de mon corps s'en est allée aussi; — mes joues, rebondies et roses comme des pommes, se sont profondément creusées; ma bouche, qui riait toujours, et qu'on eût prise pour un coquelicot noyé dans une jatte de lait, est devenue horizontale et pâle; — mon profil se dessine en méplats fortement accusés; une ride précoce commence à se dessiner sur mon front; mes yeux n'ont plus cette humidité limpide et bleue qui les faisait briller comme deux sources où le soleil donne, — les veilles, les chagrins les ont fatigués et rougis, leur orbite s'est cavée, de sorte qu'on peut déjà comprendre les os sous la chair, — c'est-à-dire le cadavre sous l'homme, le néant sous la vie.

Oh! s'il m'était donné de revenir sur moi-même! Mais ce qui est fait est fait, — n'y pensons plus.

Parmi tous ces tableaux, un surtout se détache nettement, de même qu'au bout d'une plaine uniforme un bouquet de bois, une flèche d'église dorée par le couchant.

C'est le prieuré de mon oncle le chanoine, je le vois encore d'ici, — au revers de la colline, entre les grands châtaigniers, à deux pas de la chapelle de Saint-Caribert.

Il me semble être, en ce moment,

dans la cuisine, je reconnais le plafond rayé de solives de chêne noircies par la fumée ; — la lourde table aux pieds massifs ; — la fenêtre étroite taillée à vitraux qui ne laissent passer qu'un demi-jour vague et mystérieux, digne d'un intérieur de Rembrandt. — Les tablettes disposées par étages qui soutiennent une grande quantité d'ustensiles de cuivre jaune et rouge, de formes bizarres, les unes fondues dans l'ombre, les autres se détachant du fond, une paillette saillante sur la partie lumineuse et des reflets sur le bord, — rien n'est changé. — Les assiettes, les plats d'étain, clairs comme de l'argent ; — les pots de faïence à fleurs, les bouteilles à large ventre, les fioles grêles à goulot allongé, ainsi qu'on les trouve dans les tableaux des vieux maîtres flamands.

Tout est à la même place, le plus petit détail est religieusement conservé : — à l'angle du mur, irisée par un rayon de soleil, j'aperçois la toile de l'araignée à qui, tout enfant, je donnais des mouches après leur avoir coupé les ailes, — et le profil grotesque de Jacobus Pragmater, sur une porte condamnée où le plâtre est plus blanc. — Le feu brille dans la cheminée; — la fumée monte en tourbillonnant le long de la plaque armoriée aux armes de France, des gerbes d'étincelles s'échappent des tisons qui craquent; — la fine poularde, préparée pour le dîner de mon oncle, tourne lentement devant la flamme. — J'entends le tictac du tourne-broche, le pétillement des charbons, et le grésillement de la graisse qui tombe goutte à goutte dans la lèchefrite brûlante. — Berthe, son tablier blanc retroussé sur la hanche, l'arrose, de temps en temps, avec une cuillère de bois, et veille sur elle, comme une mère sur sa fille.

Et la porte du jardin s'ouvre. — Jacobus Pragmater, le maître d'école, entre à pas mesurés, tenant d'une main un bâton de houx, et de l'autre main la petite Maria qui rit et chante.

Pauvre enfant! en écrivant ton nom, une larme tremble au bout de mes cils humides. — Mon cœur se serre.

Dieu te mette parmi ses anges, douce et bonne créature ; — tu le mérites, — car tu m'aimais bien, et depuis que tu ne m'accompagnes plus dans la vie, il me semble qu'il n'y a rien autour de moi. — L'herbe doit croître bien haute sur ta fosse, car tu es morte là-bas, et personne n'y est allé : — pas même moi, que tu préférais à tout autre, et que tu appelais ton petit mari.

Pardonne, ô Maria ! je n'ai pu, jusqu'à présent, faire le voyage, mais j'irai, je chercherai la place ; pour la découvrir, j'interrogerai les inscriptions de toutes les croix, et quand je l'aurai trouvée, — je me mettrai à genoux, je prierai longtemps, bien longtemps, afin que ton ombre soit consolée; je jetterai sur la pierre, verte de mousse, tant de guirlandes blanches et de fleurs d'oranger, que ta fosse semblera une corbeille de mariage.

Hélas! la vie est faite ainsi. — C'est un chemin âpre et montueux : — avant que d'être au but, beaucoup se lassent; les pieds endoloris et sanglants, beaucoup s'asseyent sur le bord d'un fossé, et ferment leurs yeux pour ne plus les rouvrir. — A mesure que l'on marche, le cortége diminue : l'on était parti vingt, on arrive seul à cette dernière hôtellerie de l'homme, le cercueil. — Car il n'est pas donné à tous de mourir jeunes.... et tu n'es pas, ô Maria, la seule perte que j'aie à déplorer.

Jacobus Pragmater est mort, Berthe est morte; — ils reposent oubliés au fond d'un cimetière de campagne.

Tom, le chat favori de Berthe, n'a pas survécu à sa maîtresse : il est mort de douleur sur la chaise vide où elle s'asseyait pour filer, — et personne ne l'a enterré, car qui s'intéressait au pauvre Tom, — excepté Jacobus Pragmater et la vieille Berthe?

Moi seul, je suis resté pour me souvenir d'eux et écrire leur histoire, afin que la mémoire ne s'en perde pas.

C'était un soir d'hiver, — le vent, en s'engouffrant dans la cheminée, en faisait sortir des lamentations et des gémissements étranges : on eût dit ces soupirs vagues et inarticulés qu'envoie l'orgue aux échos de la cathédrale. — Les gouttes de pluie cinglaient les vitres avec un son clair et argenté.

Moi et Maria nous étions seuls. — Assis tous les deux sur la même chaise, paresseusement appuyés l'un sur l'autre, mon bras autour d'elle, le sien autour de moi, nos joues se touchant presque, les boucles de nos cheveux mêlées ensemble : — si tranquilles, si reposés, si détachés du monde, si oublieux de toutes choses, que nous entendions notre chair vivre, nos artères battre et nos nerfs tressaillir; — notre respiration venait se briser à temps égaux sur nos lèvres, comme la vague sur le sable, avec un bruit doux et monotone. Nos cœurs palpitaient à l'unisson, nos paupières s'élevaient et s'abaissaient simultanément ; tout, dans nos âmes et nos corps, était en harmonie et vivait de concert, ou plutôt nous n'avions qu'une âme à deux, tant la sympathie avait fondu nos existences dans une seule et même individualité.

Un fluide magnétique entrelaçait autour de nous, comme une résille de soie aux mille couleurs, ses filaments magiques; il en partait un de chaque atome de mon être, qui allait se nouer à un atome de Maria; nous étions si puissamment, si intimement liés, que je suis sûr que la balle qui aurait frappé l'un aurait tué l'autre sans le toucher.

Oh! qui pourrait, au prix de ce

qui me reste à vivre, me rendre une de ces minutes si courtes et si longues, dont chaque seconde renferme tout un roman intérieur, tout un drame complet, toute une existence entière, non pas d'homme, mais d'ange ! Age fortuné des premières émotions, où la vie nous apparaît comme à travers un prisme, fleurie, pailletée, chatoyante, avec les couleurs de l'arc-en-ciel, où le passé et l'avenir sont rattachés à un présent sans chagrin, par de douces souvenances et un espoir qui n'a pas été trompé, âge de poésie et d'amour, où l'on n'est pas encore méchant, parce qu'on n'a pas été malheureux, pourquoi faut-il que tu passes si vite, et que tous nos regrets ne puissent te faire revenir une fois passé?

Sans doute, il faut que cela soit ainsi, car qui voudrait mourir et faire place aux autres, s'il nous était donné de ne pas perdre cette virginité d'âme et les riantes illusions qui l'accompagnent? — L'enfant est un ange descendu de là-haut, à qui Dieu a coupé les ailes en le posant sur le monde, mais qui se souvient encore de sa première patrie. — Il s'avance d'un pas timide dans les chemins des hommes, et tout seul; — son innocence se déflore à leur contact, et bientôt il a tout-à-fait oublié qu'il vient du Ciel et qu'il doit y retourner.

Abîmés dans la contemplation l'un et l'autre, nous ne pensions pas à notre propre vie ; spectateurs d'une existence en dehors de nous, nous avions oublié la nôtre. — Cependant cette espèce d'extase ne nous empêchait pas de saisir jusqu'aux moindres bruits intérieurs, jusqu'aux moindres jeux de lumière dans les recoins obscurs de la cuisine et les interstices des poutres : — les ombres, découpées en atomes baroques, se dessinaient nettement au fond de notre prunelle; les reflets étincelants des chaudrons, les diamants phosphoriques allumés aux reflets des cafetières argentées, jetaient des rayons prismatiques dans chacun de nos cils. — Le son monotone du coucou juché dans son armoire de chêne, le craquement des vitrages de plomb, les jérémiades du vent, le caquetage des fagots flambants dans l'âtre : — toutes les harmonies domestiques parvenaient distinctement à notre oreille, chacune avec leur signification particulière. — Jamais nous n'avions aussi bien compris le bonheur de la maison et les voluptés indéfinissables du foyer !

Nous étions si heureux d'être là, cois et chauds, dans une chambre bien close, devant un feu clair, seuls et libres de toute gêne, — tandis qu'il pleuvait, ventait et grêlait au dehors; jouissant d'une tiède atmosphère d'été, tandis que l'hiver, faisant craqueter ses doigts blancs de givre, mugissait à deux pas, séparé de nous par une vitre et une planche. — A chaque sifflement aigu de la bise, à chaque redoublement de pluie, nous nous serrions l'un contre l'autre, pour être plus forts, et nos lèvres, lentement déjointes, laissaient aller un :

— Ah! mon Dieu! profond et sourd, qu'ils sont à plaindre, les pauvres gens qui sont en route!

Et puis nous nous taisions, — pour écouter les abois du chien de la ferme, le galop heurté d'un cheval sur le grand chemin, le criaillement de la girouette enrouée; et, par-dessus tout, le cri du grillon tapi entre les briques de l'âtre, vernissées et bristrées par une fumée séculaire.

— J'aimerais bien être grillon, dit la petite Maria, en mettant ses mains roses et potelées dans les miennes, surtout en hiver : je choisirais une crevasse aussi près du feu que possible, et j'y passerais le temps à me chauffer les pattes. — Je tapisserais bien ma cellule avec de la barbe de chardons et de pissenlits; je ramasserais les duvets qui flottent en l'air, et je m'en ferais un matelas et un oreiller bien souples, bien moelleux, je me coucherais dessus. — Du matin jusqu'au soir, je chanterais ma petite chanson de grillon, et je ferais cri-cri; et puis je ne travaillerais pas, je n'irais pas à l'école. Oh! quel bonheur !...

— Mais je ne voudrais pas être noire comme ils sont... — N'est-ce pas, Théophile, que c'est vilain d'être noir?...

— Et en prononçant ces mots, elle jeta une œillade coquette sur la main que je tenais.

— Tu es une folle, lui dis-je en l'embrassant, toi qui ne peux rester un seul instant tranquille, tu t'ennuierais bien vite de cette vie égale et dormante. — Ce pauvre reclus de grillon ne doit guère s'amuser dans son ermitage, — il ne voit jamais le soleil, le beau soleil aux cheveux d'or, — ni le ciel de saphir, — avec ses beaux nuages de toutes couleurs; il n'a pour perspective que la plaque noircie de l'âtre, les chenets et les tisons, il n'entend d'autre musique que la bise et le tic-tac du tourne-broche...

— Quel ennui!....

Si je voulais être quelque chose, j'aimerais bien mieux être demoiselle, — parle-moi de cela, — à la bonne heure. — C'est si joli!.. — On a un corset d'émeraude, un diamant pour

œil, de grandes ailes de gaze d'argent, de petites pattes frêles, veloutées. — Oh! si j'étais demoiselle!....
— Comme je volerais par la campagne, à droite, à gauche, selon ma fantaisie..... — au long des haies d'aubépine, des mûriers sauvages et des églantiers épanouis! Effleurant du bout de l'aile un bouton d'or, une paquerette ployée au vent, j'irais, je courrais du brin d'herbe au bouleau, du bouleau au chêne, tantôt dans la nue, tantôt rasant le sol, égratignant les eaux transparentes de la rivière; dérangeant dans les feuilles de nénuphar les criocères écarlates, effrayant de mon ombre les petits goujons qui

s'agitent frétillards et peureux.....

Au lieu d'un trou dans la cheminée, j'aurais pour logis la coupe d'albâtre d'un lis, ou la campanule d'azur de quelque volubilis, tapissée à l'intérieur de perles de rosée. — J'y vivrais de parfums et de soleil, loin des hommes, loin des villes, dans une paix profonde, ne m'inquiétant de rien, que de jouer autour des roseaux panachés de l'étang, et de me mêler en bourdonnant aux quadrilles et aux valses des moucherons...

J'allais commencer une autre phrase, quand Maria m'interrompit :

— Ne te semble-t-il pas, dit-elle,

que le cri du grillon a tout-à-fait changé de nature ?

J'ai cru plusieurs fois, pendant que tu parlais, saisir, parmi ses notes, des mots clairement articulés ; j'ai d'abord pensé que c'était l'écho de ta voix, mais je suis à présent bien certaine du contraire. — Ecoute, le voici qui recommence.

En effet, une voix grêle et métallique partait de la loge du grillon :

— Enfant, si tu crois que je m'ennuie, tu te trompes étrangement : j'ai mille sujets de distractions que tu ne connais pas ; mes heures, qui te paraissent être si longues, coulent comme des minutes. — La bouilloire me chante à demi-voix sa chanson ; la sève qui sort en écumant par l'extrémité des bûches me siffle des airs de chasse ; les braises qui craquent, les étincelles qui pétillent me jouent des duos dont la mélodie échappe à vos oreilles terrestres. — Le vent qui s'engouffre dans la cheminée me fredonne des ballades fantastiques, et me raconte de mystérieuses histoires.

Puis les paillettes de feu, dirigées en l'air par des salamandres de mes amies, forment, pour me récréer, des gerbes éblouissantes, des globes lumineux rouges et jaunes, des pluies d'argent qui retombent en réseaux bleuâtres ; des flammes de mille nuances, vêtues de robes de pourpre, dansent le fandango sur les tisons ardents, et moi, penché au bord de mon palais, je me chauffe, je me chauffe jusqu'à faire rougir mon corset noir, et je savoure à mon aise toutes les voluptés du nonchaloir et le bien-être du chez soi.

— Quand vient le soir, je vous écoute causer et lire. — L'hiver dernier, Berthe vous répétait, tout en filant, de beaux contes de fées : l'*Oiseau bleu*, *Riquet à la Houppe*, *Maguelonne* et *Pierre de Provence*. J'y prenais un singulier plaisir, et je les sais presque tous par cœur.
— J'espère que, cette année, elle en

aura appris d'autres, et que nous passerons encore de joyeuses soirées.

Eh bien ! — cela ne vaut-il pas mieux que d'être demoiselle et de vagabonder par les champs ?

Passe pour l'été ; — mais, quand arrive l'automne, que les feuilles, couleur de safran, tourbillonnent dans les bois, qu'il commence à geler blanc ; quand la brume, froide et piquante, raie le ciel gris de ses innombrables filaments, que le givre enveloppe les branches dépouillées d'une peluche scintillante ; quand on n'a plus de fleurs pour se gîter le soir, que devenir, où réchauffer ses membres engourdis, où sécher son aile trempée de pluie? Le soleil n'est plus assez fort pour percer les brouillards; on ne peut plus voler, et, d'ailleurs, quand on le pourrait, où irait-on?

Adieu, les haies d'aubépine, les boutons d'or et les paquerettes! — La neige a tout couvert; les eaux qu'on égratignait en passant ne forment plus qu'un cristal solide; les roses sont mortes, les parfums évaporés; — les oiseaux gourmands vous prennent dans leurs becs, et vous portent dans leurs nids pour se repaître de vos chairs. — Affaiblis par le jeûne et le froid, comment fuir? les petits polissons du village vous attrapent sous leurs mouchoirs, et vous piquent à leurs chapeaux avec une longue épingle. — Là, vivante cocarde, vous souffrez mille morts avant de mourir. — Vous avez beau agiter vos pattes suppliantes, on n'y fait pas attention, car les enfants sont, comme les vieillards, cruels : les uns, parce qu'ils ne sentent pas encore, les autres, parce qu'ils ne sentent plus.

Comme vous n'avez probablement pas vu la caricature de Jacobus Pragmater, dessinée au charbon sur la porte de la cuisine de mon oncle le chanoine, — et qu'il est peu probable que vous alliez à ***, pour la voir, vous vous contenterez d'un portrait à la plume.

Jacobus Pragmater, qui joue en cette histoire le rôle de la fatalité antique, avait toujours eu soixante ans : — il était né avec des rides, la nature l'avait jeté en moule tout exprès pour faire un bedeau ou un maître d'école de village; en nourrice il était déjà pédant.

Etant jeune, il avait écrit en petite bâtarde l'*Ave* et le *Credo* dans un rond de parchemin de la grandeur d'un petit écu. — Il l'avait présenté à M. le marquis de ***, dont il était le filleul; celui-ci, après l'avoir considéré attentivement, s'était écrié à plusieurs reprises : Voilà un garçon qui n'est pas manchot!

Il se plaisait à nous raconter cette anecdote, ou, comme il l'appelait, cet apophthegme ; le dimanche, quand il avait bu deux doigts de vin, et qu'il était en belle humeur, il ajoutait, par manière de réflexion, que M. le marquis de *** était bien le gentilhomme de France le plus spirituel et le mieux appris qu'il eût jamais connu.

Quoiqu'aux importantes fonctions de maître d'école, il ajoutât celles non moins importantes de bedeau, de chantre, de sonneur, il n'en était pas plus fier. — A ses heures de relâche, il soignait le jardin de mon oncle, et l'hiver il lisait une page ou deux de Voltaire ou de Rousseau en cachette, car, étant plus d'à-moitié prêtre, comme il le disait, une pareille lecture n'eût pas été convenable en public.

C'était un esprit sec, exact cependant, mais sans rien d'onctueux. Il ne comprenait rien à la poésie, il n'avait jamais été amoureux, et n'avait pas pleuré une seule fois dans sa vie. — Il n'avait aucune des charmantes superstitions de campagne, et il grondait toujours Berthe quand elle nous racontait une histoire de fée ou de revenant. — Je crois qu'au fond il pensait que la religion n'était bonne que pour le peuple. — En un mot, c'était la prose incarnée, la prose dans toute son étroitesse, la prose de Barême et de Lhomond.

Son extérieur répondait parfaitement à son intérieur. Il avait quelque chose de pauvre, d'étriqué, d'incomplet, qui faisait peine à voir, et donnait envie de rire en même temps. Sa tête, bizarrement bossuée, luisait à travers quelques cheveux gris; ses sourcils blancs se hérissaient en buissons sur deux petits yeux verts de mer, clignotants et enfouis dans une patte d'oie de rides horizontales. — Son nez, long comme une flûte d'alambic, tout diapré de verrues, tout barbouillé de tabac, se penchait amoureusement sur son menton.

Aussi, lorsqu'on jouait aux petits jeux, et qu'il fallait embrasser quelqu'un par pénitence, c'était toujours lui que les jeunes filles choisissaient — en présence de leur mère ou de leur amant.

Ces avantages naturels étaient merveilleusement rehaussés par le costume de leur propriétaire : — il portait d'habitude un habit noir râpé, avec des boutons larges comme des tabatières, les bas et la culotte de couleur incertaine; des souliers à boucles et un chapeau à trois cornes que mon oncle avait porté deux ans avant de lui en faire cadeau.

Oh! digne Jacobus Pragmater, qui aurait pu s'empêcher de rire en te voyant arriver par la porte du jardin, le nez au vent, les manches pendantes de ton grand habit flottant au long de ton corps, comme si elles eussent été un rouleau de papier sortant à demi de ta poche! Tu aurais déridé le front du spleen en personne.

Il nous embrassa selon sa coutume, piqua les joues potelées de Maria à la brosse de sa barbe, me donna un petit coup sur l'épaule, et tira de sa poche un cœur de pain d'épice enveloppé d'un papier chamarré d'or et de bâtons qu'il partagea entre Maria et moi.

Il nous demanda si nous avions été bien sages. — La réponse, sans hésiter, fut affirmative, comme on peut le croire.

Pour nous récompenser, il nous promit à chacun une image coloriée.

Les galoches de Berthe sonnèrent dans le haut de l'escalier, le service de mon oncle ne la retenait plus, elle vint s'asseoir au coin du feu avec nous.

Maria quitta aussitôt le genou où Pragmater la retenait presque malgré elle; car, en dépit de toutes ses caresses, elle ne le pouvait souffrir, et courut se mettre sur les genoux de Berthe.

Elle lui raconta ce que nous avions entendu, et lui répéta même quelques couplets de la ballade qu'elle avait retenus.

Berthe l'écouta gravement et avec bonté et dit, quand elle eut fini, qu'il n'y avait rien d'impossible à Dieu; — que les grillons étaient le bonheur de la maison, et qu'elle se croirait perdue si elle en tuait un, même par mégarde.

Pragmater la tança vivement d'une croyance aussi absurde, et lui dit que c'était pitié d'inculquer des superstitions de bonne femme à des enfants, et que s'il pouvait attraper celui de la cheminée, il le tuerait, pour nous montrer que la vie ou la mort d'une méchante bête était parfaitement insignifiantes.

J'aimais assez Pragmater, parce qu'il me donnait toujours quelque chose ; — mais, en ce moment, il me parut d'une férocité de cannibale, et je l'aurais volontiers dévisagé. — Même à présent que l'habitude de la vie et le train des choses m'ont usé l'âme et durci le cœur, je me reprocherais comme un crime le meurtre d'une mouche, trouvant, comme le bon Tobie, que le monde est assez large pour deux.

Pendant cette conversation, le grillon jetait imperturbablement ses notes aiguës et vibrantes à travers la voix sourde et cassée de Pragmater, la couvrant quelquefois et l'empêchant d'être entendue.

Pragmater, impatienté, donna un coup de pied si violent du côté d'où le chant paraissait venir, que plusieurs flocons de suie se détachèrent et avec eux la cellule du grillon, qui se mit à courir sur la cendre aussi vite que possible pour regagner un autre trou.

Par malheur pour lui, le rancuneux maître d'école l'aperçut, et, malgré nos cris, le saisit par une patte au moment où il entrait dans l'interstice de deux briques.—Le grillon, se voyant perdu, abandonna bravement sa patte, qui resta entre les doigts de Pragmater comme un trophée, et s'enfonça profondément dans le trou.

Pragmater jeta froidement au feu la patte toute frémissante encore.

Berthe leva les yeux au ciel avec inquiétude, en joignant les mains. — Maria se mit à pleurer ; moi, je lançai à Pragmater le meilleur coup de poing que j'eusse donné de ma vie ; il n'y prit seulement pas garde.

Cependant la figure triste et sérieuse de Berthe lui donna un moment d'inquiétude sur ce qu'il avait fait : il eut une lueur de doute ; mais le voltairianisme reprit bientôt le dessus, et un bah ! fortement accentué résuma son plaidoyer intérieur.

Il resta encore quelques minutes ; mais, ne sachant trop quelle contenance faire, il prit le parti de se retirer.

Nous nous en allâmes coucher, le cœur gros de pressentiments funestes.

Plusieurs jours s'écoulèrent tristement ; mais rien d'extraordinaire n'était venu réaliser les appréhensions de Berthe.

Elle s'attendait à quelque catastrophe : le mal fait à un grillon porte toujours malheur.

— Vous verrez, disait-elle, Pragmater, qu'il nous arrivera quelque chose à quoi nous ne nous attendons pas.

Dans le courant du mois, mon oncle reçut une lettre venant de loin, toute constellée de timbres, toute noire à force d'avoir roulé. — Cette lettre lui annonçait que la maison du banquier T***, sur laquelle son argent était placé, venait de faire banqueroute, et était dans l'impossibilité de solder ses créanciers.

Mon oncle était ruiné, il ne lui restait plus rien que sa modique prébende.

Pragmater, à demi-ébranlé dans sa conviction, se faisait, à part lui, de cruels reproches. — Berthe pleurait, tout en filant avec une activité triple pour aider en quelque chose.

Le grillon, malade ou irrité, n'avait pas fait entendre sa voix depuis la soirée fatale. Le tourne-broche avait inutilement essayé de lier conversation, il restait muet au fond de son trou.

La cuisine se ressentit bientôt de ce revers de fortune. — Elle fut réduite à une simplicité évangélique. — Adieu, les poulardes blondes, si appétissantes dans leur lit de cresson, la fine perdrix au corset de lard, la truite à la robe de nacre semée d'étoiles rouges. — Adieu, les mille gourmandises dont les religieuses et les gouvernantes des prêtres connaissent seules le secret. — Le bouilli filandreux avec sa couronne de persil, les choux et les légumes du jardin, quelques quartiers aigus de fromage, composaient le modeste dîner de mon oncle.

Le cœur saignait à Berthe quand il lui fallait servir ces plats simples et grossiers ; elle les posait dédaigneusement sur le bord de la table, et en détournait les yeux. — Elle se cachait presque pour les apprêter, comme un artiste de haut talent qui fait un enseigne pour dîner. — La cuisine, jadis si gaie et si vivante, avait un air de tristesse et de mélancolie.

— Le brave Tom lui-même semblait comprendre le malheur qui était arrivé : il restait des journées entières assis sur son derrière, sans se permettre la moindre gambade; le coucou retenait sa voix d'argent et sonnait bien bas. — Les casseroles inoccupées avaient l'air de s'ennuyer à périr, le gril étendait ses bras noirs comme un grand désœuvré, les cafetières ne venaient plus faire la causette auprès du feu, la flamme était toute pâle, et un maigre filet de fumée rampait tristement au long de la plaque.

Mon oncle, malgré toute sa philosophie, ne put venir à bout de vaincre son chagrin. — Ce beau vieillard, si gras, si vermeil, si épanoui, avec ses trois mentons et son mollet encore ferme; — ce gai convive qui chantait après boire la petite chanson, — vous ne l'auriez certainement pas reconnu.

Il avait plus vieilli dans un mois que dans trente ans. — Il n'avait plus de goût à rien. Les livres qui lui faisaient le plus de plaisir dormaient oubliés sur les rayons de la bibliothèque. — Le magnifique exemplaire (Elzévir) des *Confessions de saint Augustin*, exemplaire auquel il tenait tant et qu'il montrait avec orgueil aux curés des environs, n'était pas remué plus souvent que les autres; une araignée avait eu le temps de tisser sa toile sur son dos.

Il restait des journées entières dans son fauteuil de tapisserie à regarder passer les nuages par les losanges de sa fenêtre, plongé dans une mer de douloureuses réflexions; il songeait avec amertume qu'il ne pourrait plus, les jours de Pâques et de Noël, réunir ses vieux camarades d'école qui avaient mangé avec lui la maigre soupe du séminaire, et se réjouir d'être encore si verts et si gaillards après tant d'anniversaires célébrés ensemble.

Il fallait devenir ménagé de ces bonnes bouteilles de vin vieux, toutes blanches de poussière, qu'il tenait sous le sable, au profond de sa cave, et qu'il réservait pour les grandes occasions; celles-là bues, il n'y avait plus d'argent pour en acheter d'autres. — Ce qui le chagrinait surtout, c'était de ne pouvoir continuer ses aumônes, et de mettre ses pauvres dehors avec un : *Dieu vous garde!*

Ce n'était qu'à de rares intervalles qu'il descendait au jardin; il ne prenait plus aucun intérêt aux plantations de Pragmater, et l'on aurait marché sur les tournesols sans lui faire dire : Ah !

Le printemps vint. — Ses fleurs avaient beau pencher la tête pour lui dire bonjour, il ne leur rendait pas leur salut, et la gaîté de la saison semblait même augmenter sa mélancolie.

Ses affaires ne s'arrangeant pas, il crut que sa présence serait nécessaire pour les vider entièrement.

Un voyage à***, était pour lui une entreprise aussi terrible que la découverte de l'Amérique : il le différa autant qu'il put; car il n'avait jamais quitté, depuis sa sortie du séminaire, son village, enfoui au milieu des bois comme un nid d'oiseaux, et il lui en coûtait beaucoup pour se séparer de son presbytère aux murailles blanches, aux contrevents verts, où il avait si longtemps caché sa vie aux yeux méchants des hommes.

En partant, il remit entre les mains de Berthe une petite bourse assez plate pour subvenir aux besoins de la maison dans son absence, et promit de revenir bientôt.

Il n'y avait là rien que de fort naturel sans doute ; pourtant nous étions profondément émus, et je ne sais pourquoi il me semblait que nous ne le reverrions plus, et que c'était pour la dernière fois qu'il nous parlait. — Aussi, Maria et moi, nous l'accompagnâmes jusqu'au pied de la colline, trottant, de toutes nos forces, de chaque côté de son cheval, pour être plus longtemps avec lui.

—Assez, mes petits, nous dit-il, je ne veux pas que vous alliez plus loin, Berthe serait inquiète de vous.

Puis il nous hissa sur son étrier, nous appuya un baiser bien tendre sur les joues, et piqua des deux : nous le suivîmes de l'œil pendant quelques minutes.

Etant parvenu au haut de l'éminence, il retourna la tête pour voir encore une fois, avant qu'il s'enfonçât tout-à-fait sous l'horizon, le clocher de l'église paroissiale et le toit d'ardoise de sa petite maison.

Nous ayant aperçus à la même place, il nous fit un geste amical de la main, comme pour nous dire qu'il était content; puis il continua sa route.

Un angle du chemin l'eut bientôt dérobé à nos yeux.

Alors un frisson me prit, et les pleurs tombèrent de mes yeux. — Il me parut qu'on venait de fermer sur lui le couvercle de la bière, et d'y planter le dernier clou.

— Oh ! mon Dieu ! dit Maria avec un grand soupir, mon pauvre oncle ! il était si bon !

Et elle tourna vers moi ses yeux purs nageant dans un fluide abondant et clair.

Une pie, perchée sur un arbre, au bord de la route, déploya, à notre aspect, ses ailes bigarrées, s'envola en poussant des cris discordants, et s'alla reposer sur un autre arbre.

— Je n'aime pas à entendre les pies, dit Maria, en se serrant contre moi, d'un air de doute et de crainte.

— Bah ! répliquai-je, je vais lui

jeter une pierre, il faudra bien qu'elle se taise, la vilaine bête.

Je quittai le bras de Maria, je ramassai un caillou, et je le jetai à la pie; la pierre atteignit une branche au-dessus, dont elle écorcha l'écorce : l'oiseau sautilla, et continua ses criailleries moqueuses et enrouées.

— Ah! c'est trop fort, m'écriai-je, tu me veux donc narguer? Et une seconde pierre se dirigea, en sifflant, vers l'oiseau; mais j'avais mal visé, elle passa entre les premières feuilles et alla tomber, de l'autre côté, dans un champ de luzerne.

— Laisse-la tranquille, dit la petite en posant sa main délicate sur mon épaule, nous ne pouvons l'empêcher.

— Soit, répondis-je. Et nous continuâmes notre chemin.

Le temps était gris terne, et, quoiqu'on fût au printemps, il soufflait une bise assez piquante; il y avait de la tristesse dans l'air comme aux derniers jours d'automne. Maria était pâle, une légère auréole bleuâtre cernait ses yeux languissants : elle avait l'air fatigué, et, s'appuyait plus fortement que d'habitude; j'étais fier de la soutenir, et quoique je fusse presque aussi las qu'elle, j'aurais marché encore deux heures.

Nous entrâmes.

Le prieuré n'avait plus le même aspect : lui, naguère si gai, si vivant, il était silencieux et mort; l'âme de la maison était partie, ce n'était plus que le cadavre.

Pragmater, malgré son incrédulité, hochait soucieusement la tête. Berthe filait toujours, et Tom, assis en face d'elle, et agitant gravement sa queue, suivait les mouvements du rouet.

Je me serais mortellement ennuyé sans les promenades que nous allions faire, avec Maria, dans les grands bois, le long des champs, pour prendre des hannetons et des demoiselles.

Le grillon ne chantait que rarement, et nous n'entendions plus rien à son chant; nous en vînmes à croire que nous étions le jouet d'une illusion.

Cependant, un soir, nous nous retrouvâmes seuls dans la cuisine, assis tous deux sur la même chaise, comme au jour où il nous avait parlé. — Le feu flambait à peine. — Le grillon éleva la voix, et nous pûmes parfaitement comprendre ce qu'il disait; il se plaignait du froid. Pendant qu'il chantait, le feu s'était éteint presque tout-à-fait.

Maria, touchée de la plainte du grillon, s'agenouilla, et se mit à souffler avec sa bouche; le soufflet était accroché à un clou, hors de notre portée.

C'était un plaisir de la voir, les joues gonflées, illuminées des effets de la flamme; tout le reste du corps était plongé dans l'ombre : elle ressemblait à ces têtes de chérubins, cravatées d'une paire d'ailes que l'on voit dans les tableaux d'église, dansant en rond autour des gloires mystiques de la Vierge et des Saints.

Au bout de quelques minutes, moyennant une poignée de branches sèches que j'y jetai, l'âtre se trouva vivement éclairé, et nous pûmes voir, sur le bord de son trou, notre ami grillon tendant ses pattes de devant au feu, comme deux petites mains, et ayant l'air de prendre un singulier plaisir à se chauffer : ses yeux, gros comme une tête d'épingle, rayonnaient de satisfaction ; — il chantait avec une vivacité surprenante, et sur un air très-gai, des paroles sans suite que je n'entendais pas bien, et que je n'ai pas retenues.

Quelques mois se passèrent, pas plus de nouvelles de mon oncle que s'il était mort!

Un soir, Pragmater, ne sachant à quoi tuer le temps, monta dans la bibliothèque pour prendre un livre; quand il ouvrit la porte, un violent courant d'air éteignit sa chandelle; mais, comme il faisait clair de lune, et qu'il connaissait les êtres de la maison, il ne jugea pas à propos de redescendre chercher de la lumière.

Il alla du côté où il savait qu'était placée la bibliothèque. — La porte se ferma violemment, comme si quelqu'un l'eût poussée. Un rayon de lune, plus vif et plus chatoyant, traversa les vitres jaunes de la fenêtre.

A sa grande stupéfaction, Pragmater vit descendre sur ce filet de lumière, comme un acrobate sur une corde tendue, un fantôme d'une espèce singulière : c'était le fantôme de mon oncle, c'est-à-dire le fantôme de ses habits ; car lui-même était absent : son habit tombait à longs plis, et, au bout des manches vides, une paire de gants moulait ses mains ; une perruque tenait la place de sa tête, et à l'endroit des yeux scintillait, comme des vers phosphoriques, une énorme paire de bésicles. Cet étrange personnage entra droit dans la chambre, et se dirigea droit à la bibliothèque; on eût dit que les semelles de ses souliers étaient doublées de velours, car il glissait sur les dalles sans que le moindre craquement, le son le plus fugitif pût faire croire qu'il les eût effleurées.

Après avoir touché et déplacé quelques volumes, il enleva de sa planche le Saint-Augustin (Elzevir) et le porta sur la table; puis il s'assit dans le grand fauteuil à ramages, éleva un de ses gants à la hauteur où son menton aurait dû être, ouvrit le livre à un passage marqué par un signet de faveur bleue, comme quelqu'un que l'on aurait interrompu, et se prit à lire en tournant les feuillets avec vivacité.

La lune se cacha; Pragmater crut qu'il ne pourrait point continuer. Mais les verres de ses lunettes, semblables aux yeux des chats et des hiboux, étaient lumineux par eux-mêmes, et reluisaient dans l'ombre comme des escarboucles. Il en partait des lueurs jaunes qui éclairaient les pages du livre, aussi bien qu'une bougie l'eût pu faire. L'activité qu'il mettait à sa lecture était telle, qu'il tira de sa poche un mouchoir blanc, qu'il passa à plusieurs reprises sur la place vide qui représentait son front, comme s'il eût sué à grosses gouttes...

L'horloge sonna successivement, avec sa voix fêlée, dix heures, onze heures, minuit...; au dernier coup de minuit, le fantôme se leva, remit le précieux bouquin à sa place.

Le ciel était gris, les nues, échevelées, couraient rapidement de l'est à l'ouest; la lune remontra sa face blanche par une déchirure, un rayon parti de ses yeux bleus plongea dans la chambre. Le mystérieux lecteur monta dessus en s'appuyant sur sa canne, et sortit de la même manière qu'il était entré.

III.

Abasourdi de tant de prodiges, mourant de peur, claquant des dents, ses genoux cagneux se heurtant en rendant un son sec comme une crecelle, le digne maître d'école ne put se tenir plus longtemps sur ses pieds, un frisson de fièvre le prit aux cheveux, et il tomba tout de son long à la renverse. Berthe, ayant entendu la chute, accourut tout effrayée; elle le trouva gisant sur le carreau, sans connaissance, sa main étreignant sa chandelle éteinte.

Pragmater, malgré ses idées voltairiennes, eut beaucoup de peine à s'expliquer la vision étrange qu'il venait d'avoir; — sa physionomie en était toute troublée. Cependant le doute ne lui était pas permis, il était lui-même son propre garant, il n'y avait pas de supercherie possible ; aussi tomba-t-il dans une profonde rêverie, et restait-il des heures entières sur sa chaise, dans l'attitude d'un' homme singulièrement perplexe.

Vainement Tom, le brave matou, venait-il frotter sa moustache contre sa main pendante, et Berthe lui demandait-elle, du ton le plus engageant :

— Pragmater, croyez-vous que la vendange sera bonne ?

L'on n'avait aucune nouvelle de mon oncle.

Un matin, Pragmater le vit raser, comme un oiseau, le sable de l'allée du jardin, sur le bord de laquelle ses soleils favoris penchaient mélancoliquement leurs disques d'or pleins de graines noires ; — avec sa main d'ombre, ou son ombre de main, il essayait de relever une des fleurs que le vent avait courbée, et tâchait de réparer de son mieux la négligence des vivants.

Le ciel était clair, un gai rayon d'automne illuminait le jardin ; deux ou trois pigeons, posés sur le toit, se toilettaient au soleil ; une bise nonchalante jouait avec quelques feuilles jaunes, et deux ou trois plumes blanches, tombées de l'aile des colombes, tournoyaient mollement dans le tiède atmosphère. — Ce n'était guère la mise en scène d'une apparition, et un fantôme un peu adroit ne se serait pas montré dans un lieu si positif et à une heure aussi peu fantastique.

Une plate-bande de soleils, un carré de choux, des ognons montés, du persil et de l'oseille, à onze heures du matin, rien n'est moins allemand.

Jacobus Pragmater fut convaincu, cette fois, qu'il n'y avait pas moyen de mettre l'apparition sur le dos d'un effet de lune et d'un jeu de lumière.

Il rentra dans la cuisine, tout pâle et tout tremblant, et raconta à Berthe ce qui venait de lui arriver.

— Notre bon maître est mort, dit Berthe en sanglotant : mettons-nous à genoux, et prions pour le repos de son âme !

Nous récitâmes ensemble les prières funèbres. —Tom, inquiet, rôdait autour de notre groupe, en nous jetant avec ses prunelles vertes des regards intelligents et presque surhumains; il semblait nous demander le secret de notre douleur subite, et poussait, pour attirer l'attention sur lui, de petits miaulements plaintifs et suppliants.

— Hélas! pauvre Tom, dit Berthe en lui flattant le dos de la main, tu ne te chaufferas plus, l'hiver, sur le genou de Monsieur, dans la belle chambre rouge, et tu ne mangeras plus les têtes de poisson sur le coin de son assiette!

Le grillon ne chantait que bien

rarement. — La maison semblait morte, le jour avait des teintes blafardes, et ne pénétrait qu'avec peine les vitres jaunes, la poussière s'entassait dans les chambres inoccupées, les araignées jetaient sans façon leur toile d'un angle à l'autre, et provoquaient inutilement le plumeau ; l'ardoise du toit, autrefois d'un bleu si vif et si gai, prenait des teintes plombées, les murailles verdissaient comme des cadavres, les volets se déjetaient, les portes ne joignaient plus ; la cendre grise de l'abandon descendait fine et tamissée sur tout cet intérieur naguère si riant et d'une si curieuse propreté.

La saison avançait; les collines frileuses avaient déjà sur leurs épaules les rousses fourrures de l'automne, de larges bancs de brouillards montaient au fond de la vallée, et la bruine rayait de ses grêles hachures un ciel couleur de plomb.

Il fallait rester des journées entières à la maison, car les prairies mouillées, les chemins défoncés ne nous permettaient plus que rarement le plaisir de la promenade.

Maria dépérissait à vue d'œil, et devenait d'une beauté étrange; ses yeux s'agrandissaient et s'illuminaient de l'aurore de la vie céleste; le ciel prochain y rayonnait déjà.

Ils roulaient moelleusement sous leurs longues paupières comme deux globes d'argent bruni, avec des langueurs de clair de lune et des rayons d'un bleu velouté que nul peintre ne saurait rendre : les couleurs de ses joues, concentrées sur le haut des pommettes en petit nuage rose, ajoutaient encore à l'éclat divin de ces yeux surnaturels où se concentrait une vie près de s'envoler ; les anges du ciel semblaient regarder la terre par ces yeux-là.

A l'exception de ces deux taches vermeilles, elle était pâle comme de la cire vierge ; ses tempes et ses mains transparentes laissaient voir un délicat lacis de veines azurées ; — ses lèvres décolorées s'exfoliaient en petites pellicules lamelleuses : — elle était poitrinaire.

Comme j'avais l'âge d'entrer au collége, mes parents me firent revenir à la ville, — d'autant plus qu'ils avaient appris la mort de mon oncle, qui avait fait une chute de cheval dans un chemin difficile, et s'était fendu la tête.

Un testament trouvé dans sa poche instituait Berthe et Pragmater ses uniques héritiers, — à l'exception de sa bibliothèque qui devait me revenir, et d'une bague en diamants de sa mère, destinée à Maria.

Mes adieux à Maria furent des plus tristes, nous sentions que nous ne nous reverrions plus. Elle m'embrassa sur le seuil de la porte, et me dit à l'oreille :

— C'est ce vilain Pragmater qui est cause de tout ; il a voulu tuer le grillon. Nous nous reverrons chez le bon Dieu. Voilà une petite croix en perles de couleur que j'ai faite pour toi ; garde-la toujours.

Un mois après, Maria s'éteignit. Le grillon ne chanta plus à dater de ce jour-là : l'âme de la maison s'en était allée. — Berthe et Pragmater ne lui survécurent pas longtemps ; Tom mourut, bientôt après, de langueur et d'ennui.

J'ai toujours la croix de perles de Maria. Par une délicatesse charmante dont je ne me suis aperçu que plus tard, elle avait mis quelques-uns de ses beaux cheveux blonds pour enfiler les grains de verre qui la composent ; chaste amour enfantin si pur, qu'il pouvait confier son secret à une croix !

Ces scènes de ma première enfance m'ont fait une impression qui ne s'est pas effacée ; j'ai encore au plus haut degré le sentiment du foyer et des voluptés domestiques.

Comme celle du grillon, ma vie s'est écoulée, près de l'âtre, à regarder les tisons flamber. — Mon ciel a été le manteau de la cheminée; mon horizon, la plaque noire de suie et blanche de fumée ; un espace de quatre pieds où il faisait moins froid qu'ailleurs, mon univers.

J'ai passé de longues années avec la pelle et la pincette; leurs têtes de cuivre ont acquis sous mes mains un éclat pareil à celui de l'or, si bien que j'en suis venu à les considérer comme une partie intégrante de mon être. La pomme de mes chenets a été usée par mes pieds, et la semelle de mes pantoufles s'est couverte d'un vernis métallique dans ses fréquents rapports avec elle. Tous les effets de lumière, tous les jeux de la flamme, je les sais par cœur ; tous les édifices fantastiques que produit l'écroulement d'une bûche ou le déplacement d'un tison, je pourrais les dessiner sans les voir.

Je ne suis jamais sorti de ce microscome.

Aussi je suis de première force pour tout ce qui regarde l'intérieur de la cheminée; aucun poète, aucun peintre n'est capable d'en tracer un tableau plus exact et plus complet.— J'ai pénétré tout ce que le foyer a d'intime et de mystérieux, je puis le dire sans orgueil, car c'est l'étude de toute mon existence.

Pour cela, je suis resté étranger

aux passions de l'homme, je n'ai vu du monde que ce qu'on en pouvait voir par la fenêtre. — Je me suis replié en moi ; cependant j'ai vécu heureux, sans regrets d'hier, sans désir de demain. — Mes heures tombent une à une dans l'éternité, comme des plumes d'oiseau au fond d'un puits, doucement... doucement; et si l'horloge de bois, placée à l'angle de la muraille, ne m'avertissait de leur chute avec sa voix criarde et éraillée comme celle d'une vieille femme, certes je ne m'en apercevrais pas.

Quelquefois seulement, au mois de juin, par un de ces jours chauds et clairs, où le ciel est bleu comme la prunelle d'une Anglaise, où le soleil caresse d'un baiser d'or les façades sales et noires des maisons de la ville; lorsque chacun se retire au plus profond de son appartement, abat ses jalousies, ferme ses rideaux, et reste étendu sur sa molle ottomane, le front perlé de gouttes de sueur, — je me hasarde à sortir.

Je m'en vais me promener, habillé comme à mon ordinaire, c'est-à-dire en drap, ganté, cravaté et boutonné jusqu'au cou.

Je prends alors dans la rue le côté où il n'y a pas d'ombre, et je marche les mains dans mes poches, — le chapeau sur l'oreille et penché comme la tour de Pise, les yeux à demi-fermés, mes lèvres comprimant avec force une cigarette dont la blonde fumée se roule autour de ma tête, en manière de turban; — tout droit devant moi, sans savoir où; — insoucieux de l'heure ou de toute autre pensée que celle du présent; — dans un état parfait de quiétude morale et physique.

Ainsi je vais..... vivant pour vivre, ni plus ni moins qu'un dogue qui se vautre dans la poussière, ou que ce bambin qui fait des ronds sur le sable.

Lorsque mes pieds m'ont porté longtemps, et que je suis las, alors je m'asseois au bord du chemin, le dos appuyé contre un tronc d'arbre, et je laisse flotter mes regards à droite, à gauche, tantôt au ciel, tantôt sur la terre.

Je demeure là des demi-journées, ne faisant aucun mouvement, les jambes croisées, les bras pendants, le menton dans la poitrine, ayant l'air d'une idole chinoise, ou indienne, oubliée dans le chemin par un bonze ou un bramine.

Pourtant, n'allez pas croire que le temps ainsi passé soit du temps perdu. — Cette mort apparente est ma vie.

Cette solitude et cette inaction, insupportables pour tout autre, sont pour moi une source de voluptés indéfinissables.

Mon âme ne s'éparpille pas au dehors, mes idées ne s'en vont pas à l'aventure parmi les choses du monde, sautant d'un objet à un autre; toute ma puissance d'animation, toute ma force intellectuelle se concentrent en moi; je fais des vers, excellente occupation d'oisif, ou je pense à la petite Maria, qui avait des taches roses sur les joues.

LE
PORTRAIT DE Mme JABULOT.

LE
PORTRAIT DE MME JABULOT.

Scène comique.

Le palier d'un septième étage. — M. Jabulot, bourgeois cramoisi, en redingote raisin de Corinthe exorbitant, pantalon eau du Nil plombée, breloques d'aventurine, souliers à bouffettes, paraît sur le haut de l'escalier, essoufflé, haletant comme un hippopotame à sec.

M. JABULOT. Ouf, je crois que je vas prendre mon attaque, je n'en puis plus. — Sept étages au-dessus de l'entresol, merci ! — C'est au premier en venant du côté du bon Dieu. Mais ces peintres, c'est si gueux ! ça se loge près du ciel, sous prétexte d'avoir le jour meilleur. — Comme c'est commode pour les pratiques ! — Où est la sonnette maintenant ? — Pas de sonnette ! le cordon est arraché. Plus souvent, si j'étais propriétaire, que je voudrais loger des artistes, ça fait plus de dégâts que des chèvres ou des lapins. (*Il frappe.*)

VOIX INTÉRIEURES. (*Ne pas confondre avec les poésies de ce nom.*) Traderi dera, — Boum, boum, ouah, ouah, — Ma Normandie, — L'or est une chimère, — Tu n'auras pas ma rose ! hou ! hou !

m. JABULOT (*exaspéré*). Ah ça, mais c'est donc un Capharnaüm ici? quel vacarme. (*Il refrappe.*) Ils vont me laisser moisir à la porte.

UN RAPIN DU DEDANS. On y va.

JABULOT. Mais non, on n'y va pas du tout.

LE RAPIN (*faisant un saut en arrière*). Tiens! c'est un bourgeois. (*A. part.*) Oh! ce muffle.

LE BOULE-DOGUE. Ouah! ouah! ouah!

JABULOT (*effrayé*). Jeune homme, contenez votre bête féroce, ne me laissez pas dévorer.

LE RAPIN. Allons, Raph, es-tu bête d'aboyer comme ça après un *mossieu* bien couvert : il est vrai que tu n'y es guère habitué. — Allez coucher, Raph. (*Le boule-dogue se retire d'un air mécontent.*)

JABULOT. Je voudrais parler à votre maître.

LE RAPIN. Henri, voilà un bourgeois qui voudrait te parler.

(*Jabulot entre dans l'atelier.*) O Ciel! que vois-je! — Quelle horreur! une créature toute nûe! et jolie encore : si madame Jabulot le savait, elle qui ne se baigne qu'avec une camisole, un jupon et des bas! — J'en ai des éblouissements. Elle est étendue sur la table et ne remue pas. Serais-je dans un coupe-gorge ou chez les sauvages?

HENRI. C'est un modèle qui pose pour un tableau d'Adam et Ève en costume du temps.

CORALIE. A-t-il l'air melon, ce vieux-là! Dis donc, Rapin, jette-moi donc ma robe, je n'aime pas que les bourgeois me voient : je ne suis pas une *déhontée!* les artistes, à la bonne heure.

LE RAPIN. Va t'habiller derrière le tableau, et ne mange pas tous les radis.

JABULOT. Vous êtes artiste en peinture, vous tenez des tableaux et tout ce qui concerne votre état?

HENRI. Et je fais des envois en province.

JABULOT. Votre commerce est donc très-étendu ? Avez-vous beaucoup d'ouvriers ?

HENRI. Monsieur...

JABULOT (*allant regarder un tableau*). Quelle grande pancarte ! on ferait une paire de draps de la toile qu'il y a là-dedans : est-ce de la toile fine ? combien coûte-t-elle l'aune ?

HENRI. C'est de la toile maroufflée ; je n'ai pas calculé combien elle coûte.

JABULOT. Vous avez tort, il faut calculer : les petits ruisseaux font les grandes rivières.

HENRI. Je n'y manquerai pas.

JABULOT (*examinant le tableau à trois*

pouces de distance). Comme c'est raboteux! en voilà-t-il des tas de couleurs! on lui prendrait le nez à celui-là. Si c'était plus uni, ce serait plus joli; j'aime bien les choses unies : avec du papier de verre, de la pierre ponce et de la prêle, en deux heures ça reluirait comme un miroir.

HENRI. Monsieur, je suis peintre, et non teinturier.

JABULOT. C'est juste, jeune homme, c'est juste; mais c'est égal, j'ai mon idée. Vous autres, pif! paf! vous flanquez de la couleur là-dessus avec de grosses brosses pour avoir fini plus vite; moi, d'abord, si j'étais artiste, je choisirais les pinceaux les plus fins.

LE RAPIN. De quel bocal est-il échappé ce cornichon-là? les concombres sont plus forts.

JABULOT. Il y a joliment des coups de pinceaux là-dedans !

HENRI. Sans compter que tout est fait à la main.

JABULOT. Croyez-moi, si vous voulez, mais j'ai toujours eu beaucoup de goût pour votre état. Quand j'étais petit, avec du charbon je faisais des bonshommes sur toutes les murailles. Je dessinais très-bien le chapeau du Grand-Homme, tel que vous me voyez; même que feu mon père me donnait toujours le fouet de peur que je ne *devienne* peintre; car, enfin, sauf votre respect, *mossieu*, ce n'est pas un métier qui mène à quelque chose : c'est tous des meurt-de-faim, et on dit en proverbe *gueux comme un pingre.* Je ne dis pas ça pour vous.

HENRI *(visiblement impatienté).* Enfin, Monsieur, que désirez-vous de moi?

JABULOT. Voilà! voilà! — Jeune homme, nous y sommes; connaissez-vous madame Chipotard?

HENRI. Je n'ai pas cet honneur.

JABULOT. Elle demeure dans notre maison, nous sommes sur le même palier. Vous suivez mon raisonnement ?

HENRI. Très-bien, Monsieur.

JABULOT. Madame Chipotard s'est *faite* peindre, tant et si bien qu'elle était à l'Exposition entre le portrait de M. Duprez, de l'Opéra, et celui d'un député de la gauche : c'est toujours honorable.

HENRI. Assurément.

JABULOT. Vous croyez peut-être que madame Chipotard est une Vénus? au contraire, elle est jaune comme un citron, même qu'elle dit que c'est un teint d'Andalouse. Joli teint! Et puis il n'y a pas plus de ça que dessus ma main ; — planche partout.

Une horreur de femme comme ça, se faire tirer en couleurs! c'est révoltant!

HENRI. Où veut-il en venir avec sa madame Chipotard?

JABULOT. Mais le peintre l'a flattée, excessivement flattée : il lui a mis du rose aux joues, au menton, partout, quoi! et cette robe de velours cerise, et cette grosse chaîne d'or à trois tours! — Vous vous imaginez peut-être que madame Chipotard vous a comme ça des robes de velours? Elle avait une robe de lasting, et une petite chaîne si mince que ça faisait pitié; on dirait qu'elle avait pleuré pour l'avoir; ça ne lui faisait que deux fois le tour du col, et encore ça l'étranglait qu'elle en tirait la langue comme un pendu.

HENRI. Monsieur, tous ces détails sont excessivement intéressants ; mais tous mes moments sont comptés ; venons au fait, s'il vous plaît.

JABULOT. Le fait, pardieu, je ne connais que ça ! Le fait, le voici sans plus retarder : madame Chipotard s'est fait avec ce portrait une réputation, si tellement que l'on est venu lui demander d'en tirer une copie pour la mettre dedans les *Belles Femmes de Paris.*

HENRI. En quoi tout ceci me regarde-t-il ?

JABULOT. Je vous confierai que madame Jabulot, — mon épouse, ma seule, ma légitime épouse ; — pauvre Fifine, va ! — a été vexée, mais très-vexée de n'être pas peinte aussi et exposée. D'autant que c'est une femme superbe, imposante ; — cinq pieds cinq pouces, et potelée à l'avenant, et des chairs d'une fraîcheur ! ô Dieu de Dieu ! les belles chairs ! — Ce n'est pas parce que je suis son mari ; mais la vérité est que c'est une fameuse luronne. — Tout-à-l'heure, je l'ai appelée Fifine, c'est son petit nom : elle s'appelle Joséphine ; c'est un joli nom, n'est-ce pas, Mossieu ?

HENRI. Très-joli.

CORALIE, *derrière la toile.* Pas trop.

JABULOT. Voilà la Saint-Joseph qui approche ; or, la Saint-Joseph est la fête de ma femme, puisqu'elle s'appelle Joséphine : vous comprenez?

HENRI. Rien n'est plus lumineux.

JABULOT. Je veux qu'elle ait son portrait comme madame Chipotard, avec trois chaînes et deux robes de velours.

CORALIE. Ne prends donc pas mes bas pour essuyer tes pinceaux, mauvais rapin !

JABULOT. Or, j'ai pensé à vous pour ça, jeune homme ; le cousin de Fifine, qui est un garçon fort spirituel, m'a dit que vous n'étiez pas manchot, et que vous ne preniez pas trop cher.

Cependant je vous avoue que je serais curieux, avant de me risquer, de voir quelques-*unes* de vos ouvrages. — Vous devez avoir des échantillons pour montrer aux pratiques : avant d'acheter, il faut voir, n'est-il pas vrai, mon jeune ami?

HENRI. Sans nul doute, Monsieur. Voilà des portraits, des ébauches, des esquisses; regardez.

JABULOT. Pas mal, pas mal; pourquoi donc ce Monsieur a-t-il une jambe plus courte que l'autre? est-ce qu'il serait boiteux?

HENRI. C'est un raccourci, Monsieur, c'est-à-dire une jambe en perspective.

JABULOT. Est-ce qu'il y aura des raccourcis dans le portrait de ma *phâme?*

HENRI. Probablement.

JABULOT. Mais je n'aime pas les raccourcis du tout, moi ; est-ce qu'il n'y aurait pas moyen, en payant quelque chose de plus, de faire les jambes de la même longueur?

LE RAPIN. L'est-il, l'est-il jobard, celui-là !

JABULOT. Qu'est-ce que c'est que ça ? — Un nègre ! c'est tout noir et tout jaune.

HENRI. C'est une copie de Rembrandt.

JABULOT. Ce M. Rembrandt n'a pas

le sens commun ; est-ce que je suis comme ça ? J'ai la figure toute de la même couleur. Regardez donc cette tache sous le nez, on dirait que cet individu fait une énorme consommation de tabac : c'est très-laid, ça.

HENRI. Monsieur, ce sont les ombres.

JABULOT. Est-ce qu'il y aura des ombres dans le portrait de ma *phâme?*

LE RAPIN. En voilà un de Chinois !

JABULOT. Ne mettez que du blanc et du rose, j'aime mieux ça.

HENRI. Mais ce sera horrible, votre femme ressemblera aux figures de paravent.

JABULOT. Vous croyez ça, vous autres : vous ménagez votre couleur de chair fine, et vous employez des couleurs à meilleur marché. — Connu ! Je suis un vieux lapin, — mais j'y mettrai le prix.

HENRI, *à demi-voix.* Il me prend des envies de jeter cet animal par-dessus la rampe.

JABULOT. Ce n'est pas un portrait en miniature que je veux, c'est un grand portrait avec un beau cadre, un portrait bien uni, bien luisant, comme celui qui était au coin du grand salon ; on aurait pu mettre sa cravate ou faire sa barbe devant. Je voudrais que ça puisse se laver avec de l'eau seconde et du grès, comme les boiseries de ma salle à manger ; j'aime la propreté, moi.

HENRI. C'est une peinture à l'huile qu'il faut à Monsieur ?

JABULOT. A l'huile, vous l'avez dit ; mais ne vous servez pas d'huile à quinquet, d'huile inférieure ; employez de l'huile d'olive.

LE RAPIN. Avec un filet de vinaigre.

CORALIE. Une gousse d'ail, du sel et du poivre.

LE RAPIN. Il est à empailler, le bourgeois.

HENRI. Monsieur, je ferai tout ce que je pourrai pour vous satisfaire.

JABULOT. Combien me prendrez-vous ?

henri. Cinq cents francs.

jabulot. C'est cher; mais c'est égal, ça ne dépasse pas mes moyens; et, d'ailleurs, il n'y a rien de trop beau pour Fifine. — Voilà qui est convenu; mais ce sera dans le soigné, au moins, il faut que madame Chipotard en crève de rage.

henri. Quel jour madame viendra-t-elle poser?

jabulot. Comment, poser? Mais c'est une surprise que je veux lui faire; si elle pose, où sera la surprise?

henri. Je ne puis faire un portrait sans le modèle.

jabulot. Je vas vous dire comme elle est. Elle a les yeux bleus, c'est-à-dire gris, tirant un peu sur le vert, dans le genre de l'Empereur; son nez appartient à cette classe de nez que l'on nomme aquilins, si j'ose m'exprimer ainsi; elle a beaucoup de couleurs, ses joues sont rouges comme des pommes d'api; elle a, à côté du menton, un signe avec trois poils assez longs qu'elle n'a jamais voulu couper, parce que ça porte bonheur, à ce qu'elle dit ; car, il faut que je vous l'avoue, mon épouse est infectée de superstitions. — Je ferai mettre le portrait dans sa chambre avec une gaze dessus, on tirera la gaze, et alors la surprise aura lieu.

HENRI. Voilà des renseignements

fort exacts; mais je ne puis, comme j'ai eu l'honneur de vous le dire, faire un portrait sans voir la personne.

JABULOT. Vous ne savez donc pas votre état ?

HENRI. Allez à tous les diables! depuis plus d'une heure vous m'impatientez et me débitez des sornettes.

JABULOT. Savez-vous que vous parlez à un homme établi, patenté, ayant pignon sur rue, femme et enfants, électeur, sergent dans sa compagnie, porté pour être décoré ? — Savez-vous cela, *Mossieu* ?

LE RAPIN. Je vais lui décocher Ralph dans les jambes.

LE BOULE-DOGUE. Ouah! ouah! ouah!

jabulot. Aie! aie! Ma vie n'est pas en sûreté dans cet antre; je me retire. (*Il se sauve.*)

henri. Buvons un coup, et fumons une pipe pour nous remettre.

le rapin. Il n'y a plus de vin. — Coralie a tout bu, et elle a fumé la dernière pipe pendant que tu t'escrimais avec le bourgeois : je vais descendre en chercher.

coralie. Ça fait tout de même une demi-heure de carottée sur la pose.

L'ENFANT
AUX SOULIERS DE PAIN.

L'ENFANT

AUX SOULIERS DE PAIN.

Écoutez cette histoire que les grand'-mères d'Allemagne content à leurs petits enfants, — l'Allemagne, un beau pays de légendes et de rêveries, où le clair de lune, jouant sur les brumes du vieux Rhin, crée mille visions fantastiques.

Une pauvre femme habitait seule, à l'extrémité du village, une humble maisonnette : le logis était assez misérable et ne contenait que les meubles les plus indispensables.

Un vieux lit à colonnes torses où pendaient des rideaux de serge jaunie, une huche pour mettre le pain, un coffre de noyer luisant de propreté, mais dont de nombreuses piqûres de vers, rebouchées avec de la cire, annonçaient les longs services, un fauteuil de tapisserie aux couleurs passées et qu'avait usé la tête branlante de l'aïeule, un rouet poli par le travail : c'était tout.

Nous allions oublier un berceau

d'enfant, tout neuf, bien douillettement garni, et recouvert d'une jolie courte-pointe à ramages, piquée par une aiguille infatigable, — celle d'une mère ornant la crèche de son petit Jésus.

Toute la richesse de la pauvre maison était concentrée là.

L'enfant d'un bourgmestre ou d'un conseiller aulique n'eût pas été plus moelleusement couché. Sainte prodigalité, douce folie de la mère, qui se prive de tout pour faire un peu de luxe, au sein de sa misère, à son cher nourrisson !

Ce berceau donnait un air de fête au mince taudis; la nature, qui est compatissante aux malheureux, égayait la nudité de cette chaumine par des touffes de joubarbes et des mousses de velours. De bonnes plantes, pleines de pitié, tout en ayant l'air de parasites, bouchaient à propos les trous du toit qu'elles rendaient splendide comme une corbeille, et empêchaient la pluie de tomber sur le berceau; les pigeons s'abattaient sur la fenêtre et roucoulaient jusqu'à ce que l'enfant fût endormi.

Un petit oiseau auquel le jeune Hanz avait donné une miette de pain l'hiver, quand la neige blanchissait la terre, avait, au printemps, laissé choir une graine de son bec au pied de la muraille, et il en était sorti un beau liseron qui, s'accrochant aux pierres avec ses griffes vertes, était entré dans la chambre par un carreau brisé, et couronnait de sa guirlande le berceau de l'enfant, de sorte qu'au matin, les yeux bleus de Hanz et les clochettes bleues du liseron s'éveillaient en même temps, et se regardaient d'un air d'intelligence.

Ce logis était donc pauvre, mais non pas triste.

La mère de Hanz, dont le mari était mort bien loin à la guerre, vivait, tant bien que mal, de quelques légumes du jardin, et du produit de son rouet : bien peu de chose ; mais Hanz ne manquait de rien, c'était assez.

Certes c'était une femme pieuse et croyante que la mère de Hanz. Elle priait, travaillait et pratiquait la vertu ; mais elle commit une faute : elle se regarda avec trop de complaisance et s'enorgueillit trop dans son fils.

Il arrive quelquefois que les mères, voyant ces beaux enfants vermeils, aux mains trouées de fossettes, à la peau blanche, aux talons roses, s'imaginent qu'ils sont à elles pour toujours; mais Dieu ne donne rien, il prête seulement, et, comme un créancier oublié, il vient parfois redemander subitement son dû.

Parce que ce frais bouton était sorti de sa tige, la mère de Hanz crut qu'elle l'avait fait naître ; et Dieu, qui, du fond de son paradis aux voûtes d'azur étoilées d'or, observe tout ce qui se passe sur terre, et entend du bout de l'infini le bruit que fait le brin d'herbe en poussant, ne vit pas cela avec plaisir.

Il vit aussi que Hanz était gourmand et sa mère trop indulgente à sa gourmandise ; souvent ce mauvais enfant pleurait lorsqu'il fallait, après le raisin ou la pomme, manger le pain, objet de l'envie de tant de malheureux, et la mère le laissait jeter le morceau commencé, ou l'achevait elle-même.

Or, il advint que Hanz tomba malade : la fièvre le brûlait, sa respiration sifflait dans son gosier étranglé; il avait le croup, une terrible maladie qui a fait rougir les yeux de bien des mères et de bien des pères.

La pauvre femme, à ce spectacle, sentit une douleur horrible.

Sans doute, vous avez vu dans quelque église l'image de Notre-Dame, vêtue de deuil et debout sous la croix, avec sa poitrine ouverte et son cœur ensanglanté, où plongent sept glaives d'argent, trois d'un côté, quatre de l'autre. Cela veut dire qu'il n'y a pas d'agonie plus affreuse que celle d'une mère qui voit mourir son enfant.

Et pourtant la sainte Vierge croyait à la divinité de Jésus et savait que son Fils ressusciterait.

Or, la mère de Hanz n'avait pas cet espoir.

Pendant les derniers jours de la maladie de Hanz, tout en le veillant, la mère, machinalement, continuait à filer, et le bourdonnement du rouet se mêlait au râle du petit moribond.

Si des riches trouvent étrange qu'une mère file près du lit de mort de son enfant, c'est qu'ils ne savent pas ce que la pauvreté renferme de tortures pour l'âme ; hélas ! elle ne brise pas seulement le corps, elle brise aussi le cœur.

Ce qu'elle filait ainsi, c'était le fil pour le linceul de son petit Hanz ; elle ne voulait pas qu'une toile qui eût servi enveloppât ce cher corps, et comme elle n'avait pas d'argent, elle faisait ronfler son rouet avec une funèbre activité ; mais elle ne passait pas le fil sur sa lèvre comme d'habitude, il lui tombait assez de pleurs des yeux pour le mouiller.

A la fin du sixième jour, Hanz expira. Soit hasard, soit sympathie, la guirlande de liseron qui caressait son berceau languit, se fana, se dessecha, et laissa tomber sa dernière fleur crispée sur le lit.

Quand la mère fut bien convaincue que le souffle s'était envolé à tout jamais de ses lèvres où les violettes de la mort avaient remplacé les roses de la vie, elle recouvrit, avec le bord du drap, cette tête trop chère, prit son paquet de fil sous son bras, et se dirigea vers la maison du tisserand.

— Tisserand, lui dit-elle, voici du fil bien égal, très-fin et sans nœuds : l'araignée n'en file pas de plus délié entre les solives du plafond ; que votre navette aille et vienne ; de ce fil il me faut faire une aune de toile aussi douce que de la toile de Frise et de Hollande.

Le tisserand prit l'écheveau, disposa la chaîne, et la navette affairée, tirant le fil après elle, se mit à courir çà et là.

Le peigne raffermissait la trame, et la toile s'avançait sur le métier sans inégalité, sans rupture, aussi fine que la chemise d'une archiduchesse ou le linge dont le prêtre essuie le calice à l'autel.

Quand le fil fut tout employé, le tisserand rendit la toile à la pauvre mère et lui dit, car il avait tout compris à l'air fixement désespéré de la malheureuse :

— Le fils de l'Empereur, qui est mort, l'année dernière, en nourrice, n'est pas enveloppé dans son petit cercueil d'ébène, à clous d'argent, d'une toile plus moelleuse et plus fine.

Ayant plié la toile, la mère tira de son doigt amaigri un mince anneau d'or tout usé par le frottement :

— Bon tisserand, dit-elle, prenez cet anneau, mon anneau de mariage, le seul or que j'aie jamais possédé.

Le brave homme de tisserand ne voulait pas le prendre; mais elle lui dit :

— Je n'ai pas besoin de bague là où je vais ; car, je le sens, les petits bras de Hanz me tirent en terre.

Elle alla ensuite chez le charpentier, et lui dit :

— Maître, prenez de bon cœur de chêne qui ne se pourrisse pas et que les vers ne puissent piquer ; taillez-y cinq planches et deux planchettes, et faites-en une bière de cette mesure.

Le charpentier prit la scie et le rabot, ajusta les ais, frappa, avec son maillet, sur les clous le plus doucement possible, pour ne pas faire entrer les pointes de fer dans le cœur de la pauvre femme plus avant que dans le bois.

Quand l'ouvrage fut fini, on aurait dit, tant il était soigné et bien fait, une boîte à mettre des bijoux et des dentelles.

— Charpentier, qui avez fait un si beau cercueil à mon petit Hanz, je vous donne ma maison au bout du village, et le petit jardin qui est derrière, et le puits avec sa vigne. — Vous n'attendrez pas longtemps.

Avec le linceul et le cercueil qu'elle tenait sous son bras, tant il était petit, elle s'en allait par les rues du village, et les enfants, qui ne savent ce que c'est que la mort, disaient :

— Voyez comme la mère de Hanz lui porte une belle boîte de joujoux de Nuremberg : sans doute une ville avec ses maisons de bois peintes et vernissées, son clocher entouré d'une feuille de plomb, son beffroi et sa tour crénelée, et les arbres des promenades, tout frisés et tout verts, ou bien un joli violon avec ses chevilles sculptées au manche et son archet de crins de cheval. — Oh ! que n'avons-nous une boîte pareille !

Et les mères, en pâlissant, les embrassaient et les faisaient taire :

— Imprudents que vous êtes, ne dites pas cela; ne la souhaitez pas la boîte à joujoux, la boîte à violon que l'on porte sous le bras en pleurant; vous l'aurez assez tôt, pauvres petits!

Quand la mère de Hanz fut rentrée, elle prit le cadavre mignon et encore joli de son fils, et se mit à lui faire cette dernière toilette qu'il faut bien soigner, car elle doit durer l'éternité.

Elle le revêtit de ses habits du dimanche, de sa robe de soie et de sa pelisse à fourrures, pour qu'il n'eût pas froid dans l'endroit humide où il allait. Elle plaça à côté de lui la poupée aux yeux d'émail qu'il aimait tant qu'il la faisait coucher dans son berceau.

Mais, au moment de rabattre le

linceul sur le corps à qui elle avait donné mille fois le dernier baiser, elle s'aperçut qu'elle avait oublié de mettre à l'enfant mort ses jolis petits souliers rouges.

Elle les chercha par la chambre, car cela lui faisait de la peine de voir nus ces pieds autrefois si tièdes et si vermeils, maintenant si glacés et si pâles; mais, pendant son absence, les rats ayant trouvé les souliers sous le lit, faute de meilleure nourriture, avaient grignoté, rongé et déchiqueté la peau.

Ce fut un grand chagrin pour la pauvre mère que son Hanz s'en allât dans l'autre monde les pieds nus;

alors que le cœur n'est plus qu'une plaie, il suffit de le toucher pour le faire saigner.

Elle pleura devant ces souliers : de cet œil enflammé et tari une larme put jaillir encore.

Comment pourrait-elle avoir des souliers pour Hanz, elle avait donné sa bague et sa maison ? telle était la pensée qui la tourmentait. A force de rêver, il lui vint une idée.

Dans la huche restait une miche tout entière, car, depuis longtemps, la malheureuse, nourrie par son chagrin, ne mangeait plus.

Elle fendit cette miche, se souvenant qu'autrefois, avec la mie, elle avait fait, pour amuser Hanz, des pigeons, des canards, des poules, des sabots, des barques et autres puérilités.

Plaçant la mie dans le creux de sa main, et la pétrissant avec son pouce en l'humectant de ses larmes, elle fit une paire de petits souliers de pain dont elle chaussa les pieds froids et bleuâtres de l'enfant mort, et, le cœur soulagé, elle rabattit le linceul et ferma la bière. — Pendant qu'elle pétrissait la mie, un pauvre s'était présenté sur le seuil, timide, demandant du pain ; mais de la main elle lui avait fait signe de s'éloigner.

Le fossoyeur vint prendre la boîte,

et l'enfouit dans un coin du cimetière sous une touffe de rosiers blancs : l'air était doux, il ne pleuvait pas, et la terre n'était pas mouillée ; ce fut une consolation pour la mère, qui pensa que son pauvre petit Hanz ne passerait pas trop mal sa première nuit de tombeau.

Revenue dans sa maison solitaire, elle plaça le berceau de Hanz à côté de son lit, se coucha, et s'endormit.

La nature brisée succombait.

En dormant, elle eut un rêve, ou, du moins, elle crut que c'était un rêve.

Hanz lui apparut, vêtu, comme dans sa bière, de sa robe des dimanches, de sa pelisse à fourrure de cygne, ayant à la main sa poupée aux yeux d'émail, et aux pieds ses souliers de pain.

Il semblait triste.

Il n'avait pas cette auréole que la mort doit donner aux petits innocents; car si l'on met un enfant dans la terre, il en sort un ange.

Les roses du Paradis ne fleurissaient pas sur ses joues pâles, fardées en blanc par la mort; des larmes tombaient de ses cils blonds, et de gros soupirs gonflaient sa petite poitrine.

La vision disparut, et la mère s'éveilla baignée de sueur, ravie d'avoir vu son fils, effrayée de l'avoir revu si triste ; mais elle se rassura en se disant : Pauvre Hanz ! même en Paradis, il ne peut m'oublier.

La nuit suivante, l'apparition se renouvela : Hanz était encore plus triste et plus pâle.

Sa mère, lui tendant les bras, lui dit :

— Cher enfant, console-toi, et ne t'ennuie pas au Ciel, je vais te rejoindre.

La troisième nuit, Hanz revint encore ; il gémissait et pleurait plus que les autres fois, et il disparut en joignant ses petites mains : il n'avait plus sa poupée, mais il avait toujours ses souliers de pain.

La mère inquiète alla consulter un vénérable prêtre qui lui dit :

— Je veillerai près de vous cette nuit, et j'interrogerai le petit spectre ; il me répondra ; je sais les mots qu'il faut dire aux esprits innocents ou coupables.

Hanz parut à l'heure ordinaire, et le prêtre le somma, avec les mots consacrés, de dire ce qui le tourmentait dans l'autre monde.

— Ce sont les souliers de pain qui font mon tourment et m'empêchent de monter l'escalier de diamant du Paradis ; ils sont plus lourds à mes pieds que des bottes de postillon, et je ne puis dépasser les deux ou trois premières marches, et cela me cause une grande peine, car je vois là haut une nuée de beaux chérubins avec des ailes roses qui m'appellent pour jouer et me montrent des joujoux d'argent et d'or.

Ayant dit ces mots, il disparut.

Le saint prêtre, à qui la mère de Hanz avait fait sa confession, lui dit :

— « Vous avez commis une grande faute, vous avez profané le pain quotidien, le pain sacré, le pain du bon Dieu, le pain que Jésus-Christ, à son dernier repas, a choisi pour représenter son corps, et, après en avoir refusé une tranche au pauvre qui s'est présenté sur votre seuil, vous en avez pétri des souliers pour votre Hanz.

» Il faut ouvrir la bière, retirer les souliers de pain des pieds de l'enfant et les brûler dans le feu qui purifie tout. »

Accompagné du fossoyeur et de la mère, le prêtre se rendit au cimetière : en quatre coups de bêche on mit le cercueil à nu, on l'ouvrit.

Hanz était couché dedans, tel que sa mère l'y avait posé, mais sa figure avait une expression de douleur.

Le saint prêtre ôta délicatement des talons du jeune mort les souliers de pain, et les brûla lui-même à la flamme d'un cierge en récitant une prière.

Lorsque la nuit vint, Hanz apparut à sa mère une dernière fois, mais joyeux, rose, content, avec deux petits chérubins dont il s'était déjà fait des amis ; il avait des ailes de lumière et un bourrelet de diamants.

— « Oh ! ma mère, quelle joie, quelle félicité, et comme ils sont beaux les jardins du Paradis ! On y joue éternellement, et le bon Dieu ne gronde jamais. »

Le lendemain, la mère revit son fils, non pas sur terre, mais au ciel; car elle mourut dans la journée, le front penché sur le berceau vide.

LA
PIPE D'OPIUM.

LA
PIPE D'OPIUM.

L'autre jour, je trouvai mon ami Alphonse Karr assis sur son divan, avec une bougie allumée, quoiqu'il fît grand jour, et tenant à la main un tuyau de bois de cerisier muni d'un champignon de porcelaine sur lequel il faisait dégoutter une espèce de pâte brune assez semblable à de la cire à cacheter ; cette pâte flambait et grésillait dans la cheminée du champignon, et il aspirait par une petite embouchure d'ambre jaune la fumée qui se répandait ensuite dans la chambre avec une vague odeur de parfum oriental.

Je pris, sans rien dire, l'appareil des mains de mon ami, et je m'ajustai à l'un des bouts ; après quelques gorgées, j'éprouvai une espèce d'étourdissement qui n'était pas sans charmes et ressemblait assez aux sensations de la première ivresse.

Étant de feuilleton ce jour-là, et n'ayant pas le loisir d'être gris, j'accrochai la pipe à un clou et nous descendîmes dans le jardin, dire bonjour aux dalhias et jouer un peu avec Schutz, heureux animal qui n'a d'autre fonction que d'être noir sur un tapis de vert gazon.

Je rentrai chez moi, je dînai, et je fus au théâtre subir je ne sais quelle pièce, puis je revins me coucher, car il faut bien en arriver là, et faire, par cette mort de quelques heures, l'apprentissage de la mort définitive.

L'opium que j'avais fumé, loin de produire l'effet somnolent que j'en attendais, me jetait en des agitations nerveuses comme du café violent, et je tournais dans mon lit en façon de carpe sur le gril ou de poulet à la broche, avec un perpétuel roulis de couvertures, au grand mécontentement de mon chat roulé en boule sur le coin de mon édredon.

Enfin, le sommeil longtemps imploré ensabla mes prunelles de sa poussière d'or, mes yeux devinrent chauds et lourds, je m'endormis.

Après une ou deux heures complétement immobiles et noires, j'eus un rêve.

— Le voici :

Je me retrouvai chez mon ami Alphonse Karr, — comme le matin, dans la réalité ; il était assis sur son divan de lampas jaune, avec sa pipe et sa bougie allumée ; seulement le soleil ne faisait pas voltiger sur les murs, comme des papillons aux mille couleurs, les reflets bleus, verts et rouges des vitraux.

Je pris la pipe de ses mains, ainsi que je l'avais fait quelques heures auparavant, et je me mis à aspirer lentement la fumée enivrante.

Une mollesse pleine de béatitude ne tarda pas à s'emparer de moi, et je sentis le même étourdissement que j'avais éprouvé en fumant la vraie pipe.

Jusque-là mon rêve se tenait dans

les plus exactes limites du monde habitable, et répétait, comme un miroir, les actions de ma journée.

J'étais pelotonné dans un tas de coussins, et je renversais paresseusement ma tête en arrière pour suivre en l'air les spirales bleuâtres, qui se fondaient en brume d'ouate, après avoir tourbillonné quelques minutes.

Mes yeux se portaient naturellement sur le plafond, qui est d'un noir d'ébène, avec des arabesques d'or.

A force de le regarder avec cette attention extatique qui précède les visions, il me parut bleu, mais d'un bleu dur, comme un des pans du manteau de la nuit.

— Vous avez donc fait repeindre votre plafond en bleu, dis-je à Karr, qui, toujours impassible et silencieux, avait embouché une autre pipe, et rendait plus de fumée qu'un tuyau de poêle en hiver, ou qu'un bateau à vapeur dans une saison quelconque.

—Nullement, mon fils, répondit-il en mettant son nez hors du nuage, mais vous m'avez furieusement la mine de vous être à vous-même peint l'estomac en rouge, au moyen d'un Bordeaux plus ou moins *Laffitte*.

— Hélas ! que ne dites-vous la vérité ; mais je n'ai bu qu'un misérable verre d'eau sucrée, où toutes les fourmis de la terre étaient venues se désaltérer, une école de natation d'insectes.

— Le plafond s'ennuyait apparemment d'être noir, il s'est mis en bleu ; après les femmes, je ne connais rien de plus capricieux que les plafonds ; c'est une fantaisie de plafond, voilà tout, rien n'est plus ordinaire.

Cela dit, Karr rentra son nez dans le nuage de fumée, avec la mine satisfaite de quelqu'un qui a donné une explication limpide et lumineuse.

Cependant je n'étais qu'à moitié convaincu, et j'avais de la peine à croire les plafonds aussi fantastiques que cela, et je continuais à regarder celui que j'avais au-dessus de ma tête, non sans quelque sentiment d'inquiétude.

Il bleuissait, il bleuissait comme la mer à l'horizon, et les étoiles commençaient à y ouvrir leurs paupières aux cils d'or ; ces cils, d'une extrême ténuité, s'allongeaient jusque dans la chambre qu'ils remplissaient de gerbes prismatiques.

Quelques lignes noires rayaient cette surface d'azur, et je reconnus bientôt que c'étaient les poutres des étages supérieurs de la maison devenue transparente.

« Malgré la facilité que l'on a en rêve d'admettre comme naturelles les choses les plus bizarres, tout ceci commençait à me paraître un peu louche et suspect, et je pensai que si mon camarade Esquiros *le Magicien* était là, il me donnerait des explications plus satisfaisantes que celle de mon ami Alphonse Karr.

Comme si cette pensée eût eu la puissance d'évocation, Esquiros se présenta soudain devant nous, à peu près comme le barbet de Faust qui sort de derrière le poêle.

Il avait le visage fort animé et l'air

triomphant, et il disait, en se frottant les mains :

— Je vois aux antipodes, et j'ai trouvé la Mandragore qui parle.

Cette apparition me surprit, et je dis à Karr :

— O Karr! concevez-vous qu'Esquiros, qui n'était pas là tout-à-l'heure, soit entré sans qu'on ait ouvert la porte?

— Rien n'est plus simple, répondit Karr. L'on entre par les portes fermées, c'est l'usage ; il n'y a que les gens mal élevés qui passent par les portes ouvertes. Vous savez bien qu'on dit comme injure : Grand enfonceur de portes ouvertes.

Je ne trouvai aucune objection à faire contre un raisonnement si sensé, et je restai convaincu qu'en effet la présence d'Esquiros n'avait rien que de fort explicable et de très-légal en soi-même.

Cependant il me regardait d'un air étrange, et ses yeux s'agrandissaient d'une façon démesurée ; ils étaient ardents et ronds comme des boucliers chauffés dans une fournaise, et son corps se dissipait et se noyait dans l'ombre, de sorte que je ne voyais plus de lui que ses deux prunelles flamboyantes et rayonnantes.

Des réseaux de feu et des torrents d'effluves magnétiques papillottaient et tourbillonnaient autour de moi, s'enlaçant toujours plus inextricablement et se resserrant toujours; des fils étincelants aboutissaient à chacun de mes pores, et s'implantaient dans ma peau à peu près comme les cheveux dans la tête. J'étais dans un état de somnambulisme complet.

Je vis alors des petits flocons blancs qui traversaient l'espace bleu du plafond comme des touffes de laine emportées par le vent, ou comme un collier de colombe qui s'égraine dans l'air.

Je cherchais vainement à deviner ce que c'était, quand une voix basse et brève me chuchotta à l'oreille, avec un accent étrange : — *Ce sont des esprits!!!*

Les écailles de mes yeux tombèrent; les vapeurs blanches prirent des formes plus précises, et j'aperçus distinctement une longue file de figures voilées qui suivaient la corniche, de droite à gauche, avec un mouvement d'ascension très-prononcé, comme si un souffle impérieux les soulevait et leur servait d'aile.

A l'angle de la chambre, sur la moulure du plafond, se tenait assise une forme de jeune fille enveloppée dans une large draperie de mousseline.

Ses pieds, entièrement nus, pendaient nonchalamment croisés l'un sur l'autre; ils étaient, du reste, charmants, d'une petitesse et d'une transparence qui me firent penser à ces beaux pieds de jaspe qui sortent si blancs et si purs de la jupe de marbre noir de l'Isis antique du Musée.

Les autres fantômes lui frappaient sur l'épaule en passant, et lui disaient :

— Nous allons dans les étoiles, viens donc avec nous.

L'ombre aux pieds d'albâtre leur répondait :

— « Non! je ne veux pas aller dans les étoiles; je voudrais vivre six mois encore. »

Toute la file passa, et l'ombre resta seule, balançant ses jolis petits pieds, et frappant le mur de son talon nuancé d'une teinte rose, pâle et tendre comme le cœur d'une clochette sauvage ; quoique sa figure fût voilée, je la sentais jeune, adorable et charmante, et mon âme s'élançait de son côté, les bras tendus, les ailes ouvertes.

L'ombre comprit mon trouble par intention ou sympathie, et dit d'une voix douce et cristalline comme un harmonica :

—Si tu as le courage d'aller embrasser sur la bouche celle qui fut moi, et dont le corps est couché dans la ville noire, je vivrai six mois encore, et ma seconde vie sera pour toi.

Je me levai, et me fis cette question :

A savoir, si je n'étais pas le jouet de quelque illusion, et si tout ce qui se passait n'était pas un rêve. — C'était une dernière lueur de la lampe de la raison éteinte par le sommeil.

Je demandai à mes deux amis ce qu'ils pensaient de tout cela.

L'imperturbable Karr prétendit que l'aventure était commune; qu'il en avait eu plusieurs du même genre, et que j'étais d'une grande naïveté de m'étonner de si peu.

Esquiros expliqua tout au moyen du magnétisme.

— Allons, c'est bien, je vais y aller; mais je suis en pantoufles.....

— Cela ne fait rien, dit Esquiros, je *pressens* une voiture à la porte.

Je sortis, et je vis, en effet, un cabriolet à deux chevaux qui semblait attendre. Je montai dedans.

Il n'y avait pas de cocher. — Les chevaux se conduisaient eux-mêmes; ils étaient tout noirs, et galopaient si furieusement, que leurs croupes s'abaissaient et se levaient comme des vagues, et que des pluies d'étincelles pétillaient derrière eux.

Ils prirent d'abord la rue de La-

Tour-d'Auvergne, puis la rue Bellefonds, puis la rue de Lafayette, et, à partir de là, d'autres rues dont je ne sais pas les noms.

A mesure que la voiture allait, les objets prenaient autour de moi des formes étranges : c'étaient des maisons rechignées, accroupies au bord du chemin comme de vieilles filandières, des clôtures en planches, des réverbères qui avaient l'air de gibets à s'y méprendre ; bientôt les maisons disparurent tout-à-fait, et la voiture roulait dans la rase campagne.

Nous filions à travers une plaine morne et sombre : — le ciel était très-bas, couleur de plomb, et une interminable procession de petits arbres fluets courait, en sens inverse de la voiture, des deux côtés du chemin ; l'on eût dit une armée de manches à balai en déroute.

Rien n'était sinistre comme cette immensité grisâtre que la grêle silhouette des arbres rayait de hachures noires : — pas une étoile ne brillait, aucune paillette de lumière n'écaillait la profondeur blafarde de cette demi-obscurité.

Enfin, nous arrivâmes à une ville, à moi inconnue, dont les maisons d'une architecture singulière, vaguement entrevue dans les ténèbres, me parurent d'une petitesse à ne pouvoir être habitées; — la voiture, quoique beaucoup plus large que les rues qu'elle traversait, n'éprouvait aucun retard; les maisons se rangeaient à droite et à gauche comme des passants effrayés, et laissaient le chemin libre.

Après plusieurs détours, je sentis la voiture fondre sous moi, et les chevaux s'évanouirent en vapeurs; j'étais arrivé.

Une lumière rougeâtre filtrait à travers les interstices d'une porte de bronze qui n'était pas fermée; je la poussai, et je me trouvai dans une salle basse dallée de marbre blanc et noir et voûtée en pierre; une lampe antique, posée sur un socle de brèche violette, éclairait d'une lueur blafarde une figure couchée, que je pris d'abord pour une statue comme celles qui dorment les mains jointes, un lévrier aux pieds, dans les cathédrales gothiques; mais je reconnus bientôt que c'était une femme réelle.

Elle était d'une pâleur exsangue, et que je ne saurais mieux comparer qu'au ton de la cire vierge jaunie; ses mains, mates et blanches comme des hosties, se croisaient sur son cœur; ses yeux étaient fermés, et leurs cils s'allongeaient jusqu'au milieu des joues; tout en elle était mort : la bouche seule, fraîche comme une grenade en fleur, étincelait d'une vie riche et pourprée, et souriait à demi comme dans un rêve heureux.

Je me penchai vers elle, je posai ma bouche sur la sienne, et je lui donnai le baiser qui devait la faire revivre.

Ses lèvres humides et tièdes, comme si le souffle venait à peine de les abandonner, palpitèrent sous les miennes, et me rendirent mon baiser avec une ardeur et une vivacité incroyables.

Il y a ici une lacune dans mon rêve, et je ne sais comment je revins de la ville noire; probablement à cheval sur un nuage ou sur une chauve-souris gigantesque. — Mais je me souviens parfaitement que je me trouvai avec Karr dans une maison qui n'est ni la sienne ni la mienne, ni aucune de celles que je connais.

Cependant tous les détails intérieurs, tout l'aménagement m'étaient extrêmement familiers; je vois nettement la cheminée dans le goût de Louis XVI, le paravent à ramages, la lampe à garde-vue verte et les étagères pleines de livres aux angles de la cheminée.

J'occupais une profonde bergère à

oreillettes, et Karr, les deux talons appuyés sur le chambranle, assis sur les épaules et presque sur la tête, écoutait d'un air piteux et résigné le récit de mon expédition que je regardais moi-même comme un rêve.

Tout-à-coup un violent coup de sonnette se fit entendre, et l'on vint m'annoncer qu'une *dame* désirait *me* parler.

— Faites entrer la *dame,* répondis-je, un peu ému et pressentant ce qui allait arriver.

Une femme vêtue de blanc, et les épaules couvertes d'un mantelet noir, entra d'un pas léger, et vint se placer dans la pénombre lumineuse projetée par la lampe.

Par un phénomène très-singulier, je vis passer sur sa figure trois physionomies différentes : elle ressembla un instant à Malibran, puis à M***, puis à celle qui disait aussi qu'elle ne voulait pas mourir, et dont le dernier mot fut : « Donnez-moi un bouquet de violettes. »

Mais ces ressemblances se dissipèrent bientôt comme une ombre sur un miroir, les traits du visage prirent de la fixité et se condensèrent, et je *reconnus* la morte que j'avais embrassée dans la ville noire.

Sa mise était extrêmement simple,

et elle n'avait d'autre ornement qu'un cercle d'or dans ses cheveux, d'un brun foncé, et tombant en grappes d'ébène le long de ses joues unies et veloutées.

Deux petites taches roses empourpraient le haut de ses pommettes, et ses yeux brillaient comme des globes d'argent brunis ; elle avait, du reste, une beauté de camée antique, et la blonde transparence de ses chairs ajoutait encore à la ressemblance.

Elle se tenait debout devant moi, et me pria, demande assez bizarre, de lui dire son nom.

Je lui répondis sans hésiter qu'elle se nommait *Carlotta*, ce qui était vrai; ensuite elle me raconta qu'elle avait été chanteuse, et qu'elle était morte si jeune, qu'elle ignorait les plaisirs de l'existence, et qu'avant d'aller s'enfoncer pour toujours dans l'immobile éternité, elle voulait jouir de la beauté du monde, s'enivrer de toutes les voluptés et se plonger dans l'océan des joies terrestres; qu'elle se sentait une soif inextinguible de vie et d'amour.

Et, en disant tout cela avec une éloquence d'expression et une poésie qu'il n'est pas en mon pouvoir de rendre, elle nouait ses bras en écharpe autour de mon cou, et entrelaçait ses mains fluettes dans les boucles de mes cheveux.

Elle parlait en vers d'une beauté merveilleuse, où n'atteindraient pas les plus grands poètes éveillés, et quand le vers ne suffisait plus pour rendre sa pensée, elle lui ajoutait les ailes de la musique, et c'était des roulades, des colliers de notes plus pures que des perles parfaites, des tenues de voix, des tons filés bien au-dessus des limites humaines, tout ce que l'âme et l'esprit peuvent rêver de plus tendre, de plus adorablement coquet, de plus amoureux, de plus ardent, de plus ineffable.

— Vivre six mois, six mois encore, était le refrain de toutes ses cantilènes.

Je voyais très-clairement ce qu'elle allait dire, avant que la pensée arrivât de sa tête ou de son cœur jusque sur ses lèvres, et j'achevais moi-même le vers ou le chant commencés; j'avais pour elle la même transparence, et elle lisait en moi couramment.

Je ne sais pas où se seraient arrêtées ces extases que ne modérait plus la présence de Karr, lorsque je sentis quelque chose de velu et de rude qui me passait sur la figure; j'ouvris les yeux, et je vis mon chat qui frottait sa moustache à la mienne en manière de congratulation matinale, car l'aube tamisait à travers les rideaux une lumière vacillante.

C'est ainsi que finit mon rêve d'opium, qui ne me laissa d'autre trace qu'une vague mélancolie, suite ordinaire de ces sortes d'hallucinations.

UNE

PROMENADE

AU HASARD.

UNE PROMENADE

AU HASARD.

Cette fois nous allons faire une petite excursion hors de notre domaine : nous laisserons de côté le vaudeville qui ricane et le mélodrame qui beugle; les petits et les grands acteurs, l'Opéra et la Gaîté, les basquines de satin et les costumes de calicot gommé, et nous vous mènerons faire un tour avec nous aux Champs-Élysées, en pleines réjouissances publiques. Si les divertissements du peuple *le plus spirituel de la terre* ne vous paraissent ni fort ingénieux, ni de bien bon goût, ne nous en sachez pas mauvais gré.

En passant sur la place de la Concorde, ne négligez pas de jeter un coup-d'œil sur la nouvelle fontaine.

Vous y verrez, entre autres figures plus ou moins allégoriques et mythologiques, le Triton et la Tritonne d'Antonin Moine.

C'est bien le vrai Triton d'opéra comme l'entendait Boucher ou Vanloo; on ne peut rien imaginer de plus recourbé, de plus marin, de plus glauque et de plus squameux.

La Néréide est coiffée de pétoncles, de coraux et d'algues avec un goût infini; ses bracelets et ses colliers de coquillages lui donnent une grande richesse ornementale qui convient tout-à-fait à une figure de décoration. Les autres personnages, assis en rond sous la vasque de la fontaine, comme des revendeuses de la halle sous leur parapluie de toile rouge, n'ont rien de bien élégant, et contrastent, par leur roideur et leur gaucherie, avec la désinvolture et la vivacité des statues de Moine.

L'eau jaillira de la gueule de thons, de dauphins, et autres pièces de marée convenablement percées de trous à cette intention.

Quand l'on ne verra plus les figures du piédouche qu'à travers la frange de cristal et la pluie de perles qui tombera du bassin supérieur, l'aspect général ne manquera pas d'un certain effet touffu et riche.

Nous attendons l'eau avec impatience, car ce qui caractérise surtout les monuments de ce genre, c'est l'absence complète de ce que nos pères appelaient l'élément humide;

dans une fontaine, il y a du bronze, du fer, du plomb, du ciment, de la pierre de taille : il y a de tout, excepté de l'eau.

A Paris, c'est une vraie sinécure que l'emploi de fontaine; cependant celle-ci est si près de la rivière, qu'il faudrait une mauvaise volonté réelle pour rester à sec : elle aurait fort à faire, même avec l'aide de ses sœurs, pour rafraîchir la désolante aridité de ce Saharah de poussière et de bitume fondu où les promeneurs s'engluent et se prennent par les pieds comme les mouches sur du raisiné.

Nous avons fait une nomenclature de métiers étranges, — tels que retourneurs d'invalides, promeneurs de chiens convalescents, répétiteurs de perroquets pour les langues mortes, culotteurs de pipes, employés aux trognons; mais nous ne connaissions pas le marchand d'habits sur place.

Nous avons fait la rencontre du premier individu de ce genre le 29 juillet, vers deux heures après midi, à l'entrée des Champs-Elysées, du côté du quai de Billy, dans la latitude du restaurant Doyen.

Ce marchand était un gros homme avec une grande figure sculptée en masque de polichinelle, des favoris roux et des yeux de faïence à fleur de tête; un vrai prototype de Dulca- mara et de Fontanarose.

Il avait les mouvements prestes et faciles, comme un arracheur de dents ou un avaleur de sabres.

Son magasin était contenu dans une petite voiture qui lui servait en même temps de tribune.

De ce magasin, il tirait des instruments de toutes sortes : pantalons, gilets, habits, vestes, cravates, — enfin, tout ce qui sert à décorer le Français et à le mettre dans son beau jour.

— Regardez cet habit noir, criait-il à pleins poumons, il est fort propre, presque tout neuf; il a été porté deux ou trois ans, tout au plus. — Un habit acheté au Palais-Royal n'aurait pas meilleure tournure ; voyez comme il va bien (L'orateur passe l'habit où il entre en se rapetissant comme un pantin à coulisse, car il est beaucoup trop étroit pour lui.) comme il dessine la taille! Quel chic ça vous donne ! Un jeune homme qui se promènerait sur le boulevard une heure par jour avec cet habit-là sur le dos, épouserait une riche héritière, ou serait enlevé par une Anglaise.

— Allons, à 40 sous l'habit ; 30, sous !

— Vous ne me croirez pas si vous

voulez, eh bien! ce *frac* a coûté, tout neuf, 4 fr. 10 sous! — Non! pour un tigre à cinq griffes (5 francs) je ne voudrais pas en établir un pareil; et, cependant, je le laisse à 30 sous, parce que c'est la fête des glorieuses. Il n'y a pas de mouchards ici, je puis le dire!

Passez, Messieurs, passez le Jacques savonné (la pièce de 30 sous), et remettez l'article à *mossieu*. Tous les hommes sont frères, et les amis ne sont pas des Turcs; il faut s'entr'aider. — Adjugé l'habit!

— Voici un gilet fond blanc à petits bouquets : faites attention à ces fleurs, *c'est pis* que la nature, tant c'est frais et gentil. — Combien pensez-vous que je le vende, 3 francs? Non, Messieurs. — 2 francs, encore moins; me prenez-vous pour un fripon, pour un tailleur? — J'ai servi sous l'autre, tel que vous me voyez, et j'ai des principes.

Ce gilet vaut 1 franc, et je le vends quinze sols, parce que je gagne sur la quantité. Vive Napoléon, et zut pour les Prussiens. — Adjugé le gilet !

— Dites donc, jeune homme, là bas ! — Ohé, jeune homme ! — vous êtes indignement culotté, mon cher ! Quel est le cuistre, quel est le sauvage, quel est le *feigniant* (passez-moi l'expression) qui vous a emmitouflé comme ça les 77 (jambes)? Avec un physique comme le vôtre, je rougirais de garder un pantalon pareil une minute de plus.

Tenez, j'ai là précisément votre affaire ; — un cuir de laine plein la main, eau de Nil plombée ; — couleur à la mode; ça n'a été retourné que deux fois, il vous ira comme un gant, et vous fera une jambe d'officier. —Donnez-moi le vôtre, et vous paierez un canon de retour ; pas plus malin que ça ! — Je suis rond en affaires, moi; tous les grands négociants sont ronds. (L'orateur rit beaucoup, et frappe sur son ventre.)

L'échange a lieu sur la place, derrière un officieux paravent de tourlourous et d'Auvergnats.

L'orateur continue : — Des cravates à cinq sous. En veux-tu? en voilà. — C'est extrêmement porté en ce moment *ici*, l'on n'en met pas d'autres pour aller en soirée chez les ambassadeurs et les ministres. Jeune homme, maintenant que votre toilette est faite et que vous avez l'air d'un *fasionabe*, en deux temps, deux sauts, deux mouvements, comme c'est convenu, allons tordre le col au polichinelle :

> En avant! marchons
> Contre leurs *canons!*

car le gosier me sèche. — *Elle* est

un peu propre *la* calembourg, je m'en flatte !...

Après le marchand d'habits, nous avons été visiter :

LA GÉANTE ANVERSOISE, ACCOMPAGNÉE DE SERPENTS INSTRUITS.

Instruits nous a paru délicat. Les ânes et les chiens ont décrédité l'épithète de savant : instruit est beaucoup plus noble et moins usé.

La Géante anversoise a six pieds et demi au-dessus du niveau de la mer, et pèse 300, comme toutes les géantes possibles ; les tambours-majors lui vont à la cheville ; elle chante des romances comme Mlle Flore ; mais elle n'a pas de rallonges en bois ou en liége. — La Géante anversoise soumet sa jambe, jusqu'à une certaine hauteur, à l'inspection des incrédules.

Ce privilége appartient naturellement aux curieux qui occupent les places les plus chères, et se trouvent plus près de l'estrade. — Les *titis* du dernier rang supportent très-impatiemment cette préférence, et crient à tue-tête :

— Ceux des premières *i z'y tâtent;* quelle injustice ! rendez-nous notre argent !

Cette géante est d'une force colossale et lève un homme à bras tendu.

— Que le plus gros de la société s'avance, et je l'enlève par la boucle de son pantalon avec aisance et facilité, dit-elle d'un air terrible en s'assurant sur les hanches.

Comme nous étions le plus *gros de la société*, nous nous sommes esquivé au plus vite, de peur d'être enlevé.

Quant au serpent instruit, car il n'y en avait qu'un, malgré l'engageant pluriel de l'affiche, il ne savait rien faire, seulement il était assez doux, et se laissait enrouler de plusieurs manières.

Nous ne parlerons pas des jeux de bague, des vaisseaux suspendus, des roues de fortune, des balançoires, des tirs à l'arbalète, des jeux de quilles, de palets et autres qui servent à prouver la maladresse du peuple français, car jamais personne n'atteint le but, — ni des veaux à deux têtes, ni du hareng voyageur, ni des hannetons duellistes, ni des insectes industrieux, ni des cabinets de cire, où l'on voit la chaste Suzanne au bain, le *sacré fils* d'Abraham, Androclès et son lion, ni des marchandes de friture, ni des marchands de glaces à un sou ; tout cela est fade et commun ; mais nous ne résisterons pas au plaisir de vous parler d'une danse exécutée par des saltimbanques, et qui a éveillé en nous des souvenirs pittoresques et littéraires.

Penser à Goëthe et à Ary Scheffer, un jour de fête publique aux Champs-Elysées, est rare et remarquable.

Une petite fille de douze ou treize ans, d'une figure charmante, exécutait cette danse des œufs, dont Mignon donne le spectacle à Wilhem Meister, dans le roman de Goëthe. Elle était mince, svelte, un peu maigre, comme toutes les petites filles de cet âge, et dans la plus heureuse transition de l'enfance à l'adolescence ; ses petits pieds aux chevilles sèches et fines nageaient dans de mauvais souliers de rencontre tout éculés, et maintenus par un système de ficelles assez compliqué.

Sa robe de mousseline jaunie, tout éraillée de clinquants, avait des manches trop courtes qui laissaient voir, entre le poignet et l'avant-bras, une raie de chair pure et blanche, contrastant avec la couleur plus foncée des mains gantées de hâle.

Pour s'assurer de la sincérité de son tour de force, on lui avait bandé les yeux et coiffé la tête d'une guenille noire que son souffle, rendu plus vif par l'agitation de ses pirouettes, faisait remuer et palpiter.

Elle sautillait tantôt sur un pied, tantôt sur l'autre, évitant les œufs avec beaucoup d'adresse, et tourbillonnant avec rapidité autour de cette probabilité d'omelette.

Assurément elle ne se doutait guère des pensées qu'elle soulevait, elle, pauvre Bohémienne errante, misérable danseuse de carrefours, gambadant en pleine poussière, sans coulisse, sans rampe, sans fard, sans claqueurs, sans rien de ce qui fait le talent et la beauté des autres, n'ayant peut-être d'autre souper en perspective que les œufs qui lui servaient à faire son expérience, et ne devant pas manger si elle les cassait, elle ne s'imaginait pas qu'elle réalisait là le rêve de trois grands poètes ; qu'elle était à la fois l'*Esmeralda* de Victor Hugo, la *Mignon* de Goëthe, et la *Fenella* de Walter Scott.

Quand elle eut fini, on lui ôta son capuchon ; ses beaux yeux, éblouis de la vive lumière, palpitèrent quelques instants, et, gonflant sa narine, elle aspira avec délices une large gorgée d'air ; une moiteur rosée couvrait ses joues, et un vague sourire éclairait sa bouche entr'ouverte par la précipitation de son haleine.

Puis elle fut s'asseoir sur la chaise de l'équilibriste, ramenant ses pieds sous sa jupe, et resta là immobile, pendant qu'une vieille mégère faisait la quête avec un rond de bouteille en métal moiré.

Une poésie aussi naïvement sauvage au milieu de cet affreux bacchanal de clarinettes, de grosse caisse, de fifres et de vociférations de toute espèce, dans cette atmosphère de friture, de vin bleu et de grosse joie, nous surprit le plus agréablement du monde ; car, assurément, nous ne nous attendions guère à trouver derrière la barraque du *lapin intrépide* le modèle du tableau de Scheffer et la réalisation d'un rêve de Goëthe.

Voilà ce que nous avons trouvé de plus remarquable.

Le soir, nous l'avouons à notre honte, imitant les portiers dont a plaisanté si agréablement l'élégant vicomte de Launay, nous avons monté sur le toit de notre maison pour voir le feu d'artifice.

Il est vrai que le toit de notre maison est une très-belle terrasse à l'Italienne, avec un belvédère vitré de carreaux de couleur bleus et rouges, qui vous font passer du clair de lune au coucher du soleil, selon que vous regardez à droite ou à gauche.

Mais le toit n'eût-il été praticable que pour les chats en amour, nous y aurions grimpé avec le même stoïcisme, car il n'y a rien de plus beau au monde que Paris illuminé et vu de haut.

A nos pieds s'ouvrait le gouffre énorme comme une gueule de monstre apocalyptique.

De larges traînées d'ombre estompaient les premiers plans, et noyaient ce qu'ils auraient eu de misérable et de mesquin ; une espèce de pénombre rougeâtre indiquait le cours de la rivière et la grande allée des Champs-Elysées.

A gauche, le Panthéon flamboyait sur sa montagne comme la tiare de feu d'un pape invisible ; un double cordon de points lumineux, scintillant à une grande hauteur, trahissait la vieille Notre-Dame dont la sombre chape de granit se confondait avec la robe noire de la nuit sans étoile.

En face, le glorieux stylite de bronze se détachait fermement sur la fauve auréole de ses lampions, et plus loin, à droite, l'attique de l'Arc de l'Etoile, dessinée avec des lignes de feu, se faisait remarquer à la blancheur intermittente de son éclairage au gaz tourmenté par le vent.

L'étoile de la Légion-d'Honneur, cet astre allumé par Napoléon, rayonnait vivement au-dessus de son palais, et de toutes parts papillottaient des points brillants piqués comme des paillettes sur le velours de l'obscurité.

Martinn seul pourrait rêver quelque chose de plus gigantesque et de plus babylonien.

La nuit complaisante prête à Paris la beauté qu'il n'a pas : ce sont des perspectives infinies, des entassements énormes; c'est grand comme la mer, et la sourde rumeur du vent ajoute encore à l'illusion.

Le feu d'artifice, un des plus longs que l'on ait vus, a été très-beau et très-brillant. — Il n'y a rien de plus joli que ces boules bleues, blanches et rouges, qui montent et descendent comme des boules de jongleurs ou des globes de savon.

Après plusieurs faux bouquets, le véritable bouquet a ouvert dans le ciel son immense queue de paon étoilée d'argent et d'or, et tout s'est éteint dans un nuage couleur d'agathe.

— Pour continuer notre vagabondage, sauvons-nous au plus vite à Versailles par le chemin de fer qui vient d'ouvrir, dussions-nous être envoyé dans la lune à cheval sur un morceau de chaudière éclatée, dût le *convoi* qui nous emporte devenir un convoi funèbre; au reste, comme l'expérience en a été faite par le prince royal qui est toujours le premier partout, nous pouvons bien nous y risquer.

Aussi bien le cheval de fer est attelé, la roue a mordu l'inflexible rainure; Paris est déjà loin; ce ne sont que tranchées à ciel ouvert, viaducs et tunnels, remblais, ponts suspendus, des ouvrages fabuleux. — Vous coupez tous les chemins, et vous passez *sur* les charrettes; le dessus ou le dessous des ponts, tout vous est égal. Le chemin de fer n'entend pas raison; il ne pense qu'à une chose : arriver. S'il rencontre une montagne, il la coupe en deux ou la perce à jour; il enjambe les rivières et va toujours son train. — Il y a une ballade de Burger qui a pour refrain :

Les morts vont vite, vont vite par le frais.

Les vivants vont aujourd'hui plus vite que les morts de la ballade allemande.

La traversée du parc de Saint-Cloud est une promenade des plus pittoresques.

Avant d'y arriver, un panorama délicieux passe devant vous, — comme une décoration d'opéra : — ce sont des collines bleuâtres, des vallées où miroite la gaze d'argent du fleuve, des plaines zébrées et plaquées de cultures, des bouquets d'arbres, des maisonnettes aux couleurs vives et tranchantes, qui ressemblent à ces villages de bois que l'on donne pour étrennes aux enfants.

Quel plaisir de parcourir ainsi l'espace avec la rapidité fluide de l'oiseau !

Regardez bien vite à votre droite avant que le tourbillon vous ait emporté, ce petit pavillon rose à contrevents verts, avec sa tente rayée de rouge et son corps de logis gris de souris effrayée : c'est de là que partent tous ces beaux livres qui vous amusent tant, tous ces feuilletons que vous dévorez.

M. de Balzac demeure là ; vous êtes *aux Jardies.*

Sans le chemin de fer, eussiez-vous jamais connu les Jardies autrement que de nom ?

Remerciez donc le chemin de fer ; peut-être verrez-vous un jour l'introuvable cénobite accoudé à la fenêtre et rêvant dans son froc de moine.

Mais nous voici arrivés, car le wagon va plus vite que notre plume.

Quelle admirable salle que la galerie du débarcadère avec ses jours pris d'en haut, comme dans l'alhambra, ses colonnes renaissance et ses boiseries de chêne et ses portes à coulisse !

Il n'y a rien là d'inutile, et cependant l'aspect est riche, élégant ; de belles proportions valent tous les ornements possibles. L'auteur de cette architecture est M. Armand. Nous lui faisons nos compliments sincères.

Le chemin de fer est le trait-d'union de Paris à Versailles, et réciproquement.

COMBAT

DE

L'OURS ET DU TAUREAU.

COMBAT

DE

L'OURS ET DU TAUREAU.

———

Dans un roman de Walter-Scott, *Le Château de Kenilworth*, si nous avons bonne mémoire, est esquissée la plaisante figure d'un propriétaire d'ours et de bouledogues, qui se plaint à la reine Élisabeth du tort que font à son spectacle les pièces de théâtre d'un certain drôle nommé Shakespeare, qui corrompt l'esprit de la jeunesse anglaise par toutes sortes de billevisées et d'inventions romanesques.

Les plaintes de ce bon homme sur ce que le brave jeu de l'ours et du bouledogue, ce plaisir si foncièrement britannique, n'est plus si suivi et si goûté qu'autrefois, sont tout-à-fait touchantes et prises sur nature.

La digne maîtresse de l'établissement de la barrière du Combat nous a rappelé les doléances du vieil Anglais ; il est vrai que, ne pouvant s'en prendre à aucun Shakespeare de la diminution de sa clientèle, elle accuse la Révolution de Juillet et le choléra : le peuple préfère les mélodrames du boulevard aux escarmouches innocentes de la barrière du Combat, et les hurlements des acteurs aux abois des chiens.

Est-ce un progrès?

Nous sommes de l'avis du bon montreur d'ours, et nous en doutons.

Le spectacle du Combat est un plaisir plus sain et moins énervant que celui du théâtre qui agit sur l'imagination, et qui trouble les têtes faibles par des maximes immorales et des raisonnements dangereux; dangereux en eux-mêmes, ou parce qu'ils sont mal compris, ce qui est la même chose; on ne pense pas assez aux ramifications étranges et difformes que pousse une idée indifférente d'ailleurs, dans un cerveau mal fait; et quelle mandragore hideusement tortillée il peut naître d'une graine de violette ou de rose tombée sur un mauvais terrain !

Quant au reproche de barbarie, il est peu ou point fondé; du reste, nous préférerions un peu de rudesse et de franche grossièreté, à l'exaltation romanesque et à la mollesse fiévreuse entretenue par la littérature frelatée des petits théâtres.

Mais nous moralisons ici à perte

de vue, ce qui n'est pas notre affaire. Revenons à la description pure et simple.

Tout le monde se rappelle avoir vu, dans des temps plus prospères, les affiches du Combat avec les autres affiches de spectacles, à l'angle de tous les murs.

Cette pancarte était ornée à sa partie supérieure d'une gravure sur bois très-curieuse et très-mirifique ; on y voyait *le jeune et vigoureux taureau d'Espagne* faisant sauter en l'air une demi-douzaine de chiens éventrés dont les boyaux décrivaient de capricieuses arabesques, et dont le sang pleuvait en gouttes noires longues d'un pouce;

des *piqueux*, habillés en sauvages avec des cottes et des bonnets emplumés, comme les gardes-du-corps du bœuf gras, recevaient tendrement les victimes dans leurs bras, ou les rattrapaient au vol ; d'autres sonnaient du cor ou se précipitaient sur l'*ours indomptable de la mer du Nord*, armés de lances et de harpons ; en haut le *fameux boule-dogue, Maroquin, si connu pour la force de sa mâchoire*, s'enlevait dans une roue d'artifices, suspendu seulement par deux crocs. Tout cela, dessiné dans le goût de la complainte du Juif-Errant et de la gravure de Pyrame et Thisbé, formait déjà un spectacle fort réjouissant ; suivait en termes pompeux la nomenclature des acteurs et de leurs prouesses.

Peccata, Martin, Carpolin, et dix autres non moins célèbres dans le monde des garçons bouchers, et dont les noms ne nous reviennent pas.

En bas se lisait cet avertissement :

« Ici l'on vend de la graisse d'ours et autres (de pendu probablement); l'on prend les chiens en pension à l'année ou au mois. Les maîtres d'agrément se paient à part. »

Cette bienheureuse affiche ne se voit plus nulle part, et c'est dommage.

Le Combat est situé entre La Villette et Belleville, immédiatement au sortir de la barrière qui porte ce nom ; faites quelques pas, et puis regardez à droite : vous verrez un mur gris percé d'une porte à panneaux rouges ; un grand escogriffe, grimpé sur le chaperon du mur, souffle, à se crever les joues, dans une large trompe à pavillon, une fanfare aigre et discordante ; à côté de lui un singe accroupi fait des grimaces et se toilette très-activement ; sept à huit chiens, la tête posée entre leurs deux pattes, tirent une aune de langue, glapissent et piaillent sur tous les tons possibles.

Ce tapage aigu a pour basse les abois plus étouffés de l'intérieur, le tonnerre grondeur des ours et le beuglement guttural des taureaux : c'est le charivari le plus complet que l'on puisse imaginer.

Les belles places coûtent quarante sous, ni plus, ni moins; le double d'une avant-scène des Funambules; —comme vous voyez, c'est un plaisir coûteux.

En dedans de la porte, à la place des contrôleurs et des ouvreuses, se prélassent dans des tonneaux treillissés et des cages de bois, des chiens de l'aspect le plus rogue et le plus menaçant; de tous côtés ce ne sont que des gueules rouges et enflammées, où des rangées de dents blanches se détachent terriblement sur un fond écarlate comme des lames de scie, ou des émanches de blason; l'antique Cerbère aux trois têtes toujours aboyantes devait avoir la mine moins rébarbative et faire moins de bruit avec sa triple gueule.

Nous avons regretté les contrôleurs et les ouvreuses. Il y avait surtout un grand diable de lévrier noir mâtiné, qui paraissait animé du plus sincère désir de *manger de nous, mangiar di noi,* pour nous servir d'une expression dantesque, et qui se démenait éperdument dans sa niche pour arriver à nos mollets; heureusement, la chaîne dont il était attaché était aussi courte que ses crocs étaient longs.

On monte aux loges et aux travées

supérieures par un escalier assez pareil à celui de Montfaucon, et dont les marches bossuées offrent en grand les callosités d'une peau d'orange; les loges qui peuvent contenir une douzaine de personnes, et s'ouvrent sur un couloir obscur, ont pour soubassement les *loges* des animaux féroces destinés au combat.

Si vous voulez une *baignoire*, le *belluaire* ouvre une cage, donne un coup de pied au derrière à l'ours ou au loup qui l'occupe, le fait passer dans une bauge voisine, et vous met à sa place; rien de plus simple. Vous êtes véritablement en loge grillée.

Le théâtre représente une cour

carrée assez vaste, le milieu est sablé, ratissé à peu près comme le cirque de Franconi ; une bordure de pavage encadre cette arène, dont le point central est marqué par un anneau où l'on attache les bêtes fauves contre qui les chiens doivent se mesurer, car les ours, les taureaux et les loups ne combattent pas entièrement libres, et la longueur de leur corde est calculée de manière à laisser tout autour, en dehors de leurs atteintes, un espace de huit ou dix pieds, où les piqueux et les dogues rebutés ou blessés peuvent se mettre à l'abri.

Une chaîne de fer, fixée aux deux bords du toit, traverse la cour dans toute sa largeur; cette chaîne sert à suspendre les roues d'artifices et à faire les ascensions *à la force de la mâchoire.*

A l'angle de la cour, on voit une petite porte basse dont le vantail supérieur est tailladé de meurtrières; cette porte remplace la coulisse des théâtres ordinaires.

C'est par là que messieurs les chiens font leurs entrées, non pas à reculons, comme Hamlet obsédé par l'ombre de son père, mais d'une manière assez pittoresque; un valet les apporte tout brandis par la queue comme des bassinoires ou des casseroles, ou bien s'ils sont trop lourds, on leur fait un pli à la peau du col et de l'échine, et on les empoigne en manière de pots à deux anses; les efforts que font ces chiens à moitié étranglés, pour donner de la voix, produisent des cacophonies et des piaulements enroués et éraillés les plus grotesques du monde : les valets ont des souquenilles jaunes, et des pantalons rouges.

Le combat s'est ouvert par deux jeunes *bulls-dogs* d'une férocité extraordinaire et d'une laideur monstrueuse.

Dès qu'on les eut posés l'un en face de l'autre, ils partirent comme deux flèches, en poussant un hurlement furieux et plaintif, et s'accrochèrent sans hésiter. Ces deux affreuses petites bêtes avaient le pelage café clair, ras, uni et dru ; leurs corps ronds et sans plis, faisaient l'effet de traversins bourrés outre mesure, dans lesquels on aurait fiché quatre allumettes pour figurer les pattes ; leurs cous, d'une grosseur prodigieuse, étaient plus larges que leurs épaules qu'ils débordaient ; dans ces cous athlétiques s'emmanchaient des têtes difformes, grosses comme des citrouilles, avec des mufles charbonnés, des museaux fendus à narines doubles, une mâchoire inférieure proéminente, des crocs formidables, retroussant la babine en manière de défense de sanglier, des yeux sanieux et sanglants, enfouis et comme perdus dans un dédale de rides et de plis, des oreilles déchiquetées en barbe d'écrevisse par les morsures des précédentes batailles, et sur tout cela des physionomies de vieilles portières, basses et méchantes à la fois.

Ils se colletèrent assez longtemps, engloutissant tour à tour leurs grosses têtes dans leurs énormes gueules et se déchirant le muffle à belles dents; de nombreux filets de sang rose rayaient leurs corps, et il ne serait probablement resté sur le champ de bataille que la dernière vertèbre de la queue des combattants, si la galerie, touchée du courage des héroïques boule-dogues, ne fût intervenue et n'eût crié : Assez! assez !

Tous les efforts qu'on fit pour les séparer furent superflus, et l'on fut obligé de leur brûler la queue avec un fer chaud, moyen extrême, mais seul efficace.

Le boule-dogue est, à ce qu'il paraît, un animal excessivement stoïque de sa nature, et la façon dont on reconnaît ceux qui sont de bonne race et dont on veut obtenir lignée nous semble passablement barbare et sauvage; on coupe une patte au boule-dogue, puis on lâche un ours; si le boule-dogue mutilé, malgré sa souffrance, s'élance sur l'ours sans hésiter, il est de bonne race, il est *pur sang*, et ses descendants sont très-recherchés ; si, au contraire, il ne s'occupe que de sa blessure et cherche à se cacher dans quelque coin, c'est signe qu'il ne vaut rien, et les fins amateurs ne leur permettent aucune accointance avec leurs chiennes. Les *bulls-dogs* de lord Seymour sont, dit-on, obtenus de cette manière : c'est une épreuve tout anglaise et dont on ne se serait pas avisé en France.

A ce combat succéda l'escarmouche plus innocente d'un mâtin de grande taille et d'un chien de Terre-Neuve tout noir avec une tache blanche à la poitrine comme une hirondelle, assez pareil au célèbre Frey-schütz de notre ami Alphonse Karr, mais moins belliqueux à coup sûr.

Ces deux animaux, après avoir échangé quelques morsures, déclarèrent l'honneur satisfait et se mirent à jouer ensemble, au grand mécontentement des dieux bras-nus de l'Olympe à dix sous, qui vociféraient à pleine gueule : « Apportez des bêtes qui mordent ! nous sommes volés, rendez-nous notre argent ! » et autres menus propos injurieux pour la férocité des bêtes de l'endroit.

Alors l'on fit sortir un loup ; museau pointu, queue serrée entre les jambes, œil inquiet et sournois, oreille mobile alternativement couchée et levée, une laide bête.

Ce loup, après avoir commis plusieurs incongruités de mauvais augure pour son courage, se mit à tourner en rond comme dans un manége; sa manière de marcher était singulière : il levait les pattes de devant très-haut, et se balançait sur les premières articulations, à peu près comme un cheval trotteur; l'allure du chien n'a rien de commun avec cette démarche nerveuse et saccadée : de temps en temps il s'arrêtait, et regardait d'un air méditatif la porte par où devait venir son ennemi.

La porte s'ouvrit, et il en sortit un

homme portant un chien dans ses bras. Le chien ne fut pas plus tôt posé par terre, qu'il courut droit au loup en brave et bon chien.

Le loup rangea sa queue sous son ventre, s'affaissa sur son train de derrière et attendit ; car, chose remarquable, quelle que soit la bête donnée pour adversaire, c'est toujours le chien qui attache le grelot et commence la bataille.

Cette fois la lutte fut sérieuse, et la fortune allait incertaine du loup au chien et du chien au loup ; les deux ennemis se renversaient, se foulaient aux pieds, et se mordaient consciencieusement ; tous les deux étaient souillés de sang, d'écume, de poussière et de bave.

Le loup avait pris le chien sous la gorge, mais le chien lui rongeait le dessus de la tête; le loup, outré de douleur et aveuglé par son sang, lâcha prise un instant; le chien dégagé fit un saut en arrière, et, s'élançant de nouveau, emporta un grand lambeau de chair de la cuisse de son adversaire.

Ce qui ajoutait encore à l'intérêt de ce combat, c'étaient les cris et les gestes frénétiques du propriétaire du chien, qui en suivait les alternatives avec la sollicitude la plus passionnée.

Il exhortait son chien, il lui adressait des conseils :

— « Saute-lui au cou, mords-le, déchire-le, ce gredin, ce brigand de loup, ô le brave chien ! Prends-le à l'oreille, mon petit, c'est plus sensible. Comment toi, tu te laisserais battre par un mauvais loup pelé, un loup galeux, éreinté, qui n'a que le souffle ! tu ne devrais faire qu'une bouchée d'une rosse pareille.

» Ah ! canaille de chien, tu renonces; tu veux que je meure de honte ! je te rouerai de coups, tu verras. Terre et sang, Dieu et diable !

» Il est dessous maintenant, le loup l'a pris en traître; ah ! seigneur Dieu !

mon chien, mon bon chien ! Allons, un bon coup de mâchoire, et casse-lui les reins, bravo! »

Et il trépignait, il se démenait, il hurlait, il écumait, il aboyait, il aurait sauté lui-même à la gorge du loup et l'aurait déchiré à belles dents comme un chien naturel.

C'était un homme de vingt-huit à trente ans, d'une figure pâle et fine, encadrée d'une large barbe noire et se rapprochant du type italien : quelque modèle sans doute.

On sépara les combattants, car l'avantage ne se déclarait pour aucun, et le crépuscule commençait à tomber.

Une chose singulière, c'est que jamais les animaux, ours, loups, chiens et boule-dogues, ne se retournent pour mordre les parieurs et les piqueurs. Ils se battent seulement entre eux, et si, quand deux chiens sont aux prises, on fait paraître une autre bête, ils se lâchent aussitôt et courent ensemble à celle-là.

Après le loup, on fit paraître un ours, successeur ou doublure de *Carpotin :* l'ours, réjoui de se trouver en liberté, et excité par les fanfares du cor, se mit à danser assez en cadence, ma foi !

Et, pour compléter la bouffonnerie, tous les autres ours en cage, imitant leur confrère, se mirent à trépigner lourdement et à faire des cabrioles dans leurs bouges. Ce ballet d'ours était fort récréatif; mais la joie de M. l'ours fut de courte durée, car on lui mit aux trousses une demi-douzaine de dogues qui le firent détaler au grand galop et quitter sa position de bipède pour celle de quadrumane.

Soit par lâcheté, soit qu'il dédaignât de si faibles ennemis, il courait devant la meute sans se défendre ; seulement, il se retournait de temps en temps, s'asseyait sur son derrière, penchait la tête et regardait les chiens qui faisaient cercle autour de lui en renâclant d'une manière formidable.

Cette espèce de râle guttural et nasal est tout ce que l'on peut entendre de plus effrayant en fait de cris de bêtes féroces. Aussi fait-il reculer les chiens les plus hardis.

Le profil de l'ours acculé surpasse en laideur les faces les plus monstrueuses.

Cela tient du cochon et du brochet; le nez est long, busqué, cambré en dedans, avec une narine rebroussée formant au bout du museau une espèce de bourlet tuberculeux ; la mâchoire inférieure ressemble à une mâchoire de poisson; un petit œil rond, un œil de rat ou de taupe, bleuâtre dans la lumière, fauve dans l'ombre, complète cette gracieuse physionomie.

Cette tête mince, osseuse, effilée, sortant de cet énorme paquet de poil, produit l'effet le plus étrange; on dirait une levrette passant à travers un bonnet de garde national effondré, ou un merlan enveloppé avec de la laine.

Le combat de l'ours et des chiens n'eut d'autres résultats que quelques soufflets solidement appliqués pour ceux-ci et quelques flocons de poil arrachés pour celui-là.

Le fameux taureau d'Espagne, que

nous soupçonnons violemment n'avoir pas besoin de lettre de grande naturalisation, remplaça l'ours dans l'arène. Fidèle à l'ancienne gravure de l'affiche, il fit voler beaucoup de chiens et de sable en l'air; mais, comme ses cornes avaient été mornées et emmaillotées préalablement, nous fûmes privés des arabesques de boyaux et des pluies de sang.

Les chiens pirouettant à dix pieds du sol, faisaient les mines les plus comiques. Auriol ne cabriole pas avec plus de grâce; les gardiens, comme nous l'avons dit, les rattrapent au vol avec beaucoup de prestesse, ce qui n'empêche pas toutefois qu'il n'en tombe quelques-uns assez durement par terre ou sur les grillages des loges.

Au taureau succéda un âne.

Vous croyez peut-être qu'il fut déchiré et mis en pièces : point du tout.

Il prit un petit galop de chasse et se mit à manéger autour de l'enceinte, serrant le mur d'assez près pour être à couvert de ce côté; puis, avec des ruades et des piétinements, des voltes subites, des pétarades et des soubresauts inattendus, il dérouta et rossa parfaitement les quatre mâtins que l'on avait mis à sa poursuite, et cela sans que ses longues oreilles proverbiales eussent reçu la moindre atteinte; pourtant ce n'était pas la prise qui manquait; — c'est un des animaux qui se sont le plus courageusement battus.

L'acharnement avec lequel il broyait les chiens sous ses sabots nous conduit au paradoxe suivant :

« L'âne est le plus féroce de tous les animaux ! »

La représentation se termina là.

Aussi bien il ne faisait plus jour, et la pluie commençait à tomber en larges gouttes.

Après avoir initié nos lecteurs à ces existences étranges que l'on ne soupçonne pas plus que les mœurs intimes des Chinois, il nous reste à réclamer leur indulgence pour toutes les offenses à leur odorat et à leur sensibilité que nous avons commises, et que nous pouvons commettre encore. Nous écrirons bientôt, par compensation, un traité des parfums et une monographie des roses.

FIN DU TROISIÈME ET DERNIER VOLUME.

SAINT-GERMAIN-EN-LAYE, IMPRIMERIE DE H. PICAULT,
Rue de Paris, 27.

LA PEAU DE TIGRE.

I

PUBLICATIONS RÉCENTES :

FÉLICIEN MALLEFILLE.
MÉMOIRES DE DON JUAN,
4 vol. in-8°.

THÉOPHILE GAUTIER.
PARTIE CARRÉE,
3 vol. in 8°.

ALEXANDRE DUMAS fils.
TROIS HOMMES FORTS,
4 vol. in-8°.

ANTONINE | **LA VIE A VINGT ANS,**
2 vol. in-8°. | 2 vol. in-8°.

ALEXANDRE DUMAS.
LE DRAME DE 93.
SCÈNES DE LA VIE RÉVOLUTIONNAIRE,
7 vol. in-8°.

AMAURY, | **LES FRÈRES CORSES,**
4 vol. in-8°. | 2 vol. in-8°.

F. DE BAZANCOURT.
LES AILES D'UN ANGE,
2 vol. in-8°.

NOBLESSE OBLIGE, | **LES HOMMES NOIRS,**
2 vol. in-8°. | 2 vol. in-8°.

Paris. — Imprimerie de H. V. de Seurcy et Ce, rue de Sèvres, 37.

THÉOPHILE GAUTIER.

LA

PEAU DE TIGRE

I

PARIS — 1852.

HIPPOLYTE SOUVERAIN, ÉDITEUR,

5, RUE DES BEAUX-ARTS.

LA PEAU DE TIGRE.

II

PUBLICATIONS PROCHAINES :

LE DERNIER ROI
Par ALEXANDRE DUMAS.
Ouvrage complétement inédit.

DERNIER RÊVE DE JEUNESSE,
Par ED. de BEAUMONT-VASSY.

MÉMOIRES DE TALMA
ÉCRITS PAR LUI-MÊME
ET RECUEILLIS
Par ALEXANDRE DUMAS.
Tomes V et VI.

UN NOUVEAU ROMAN
Par MAXIMILIEN PERRIN.

LE GOLGOTHA DES MARCHANDS
Par ALFRED VILLENEUVE.

LES PROSCRITS DE SYLLA
Par FÉLIX DERIÉGE.

UN NOUVEL OUVRAGE
Par ALPHONSE BROT.

LES SOUPERS DU DIRECTOIRE
Par Jules de SAINT-FÉLIX.

Paris — Imprimerie de H. V. de Surcy et Cⁱᵉ, rue de Sèvres, 37

THÉOPHILE GAUTIER.

LA PEAU DE TIGRE

II

PARIS. — 1852.

HIPPOLYTE SOUVERAIN, ÉDITEUR,

5, RUE DES BEAUX-ARTS.

LA PEAU DE TIGRE.

III

PUBLICATIONS RÉCENTES :

FÉLICIEN MALLEFILLE.
MÉMOIRES DE DON JUAN,
4 vol. in-8°.

THÉOPHILE GAUTIER.
PARTIE CARRÉE,
3 vol. in 8°.

ALEXANDRE DUMAS fils.
TROIS HOMMES FORTS,
4 vol. in-8°.

| **ANTONINE** | **LA VIE A VINGT ANS,** |
| 2 vol. in-8°. | 2 vol. in-8°. |

ALEXANDRE DUMAS.
LE DRAME DE 93.
SCÈNES DE LA VIE RÉVOLUTIONNAIRE,
7 vol. in-8°.

| **AMAURY,** | **LES FRÈRES CORSES,** |
| 4 vol. in-8°. | 2 vol. in-8°. |

F. DE BAZANCOURT.
LES AILES D'UN ANGE,
2 vol. in-8°.

| **NOBLESSE OBLIGE,** | **LES HOMMES NOIRS,** |
| 2 vol. in-8°. | 2 vol. in-8°. |

Paris. — Imprimerie de H. V. de Sevrey et Ce, rue de Sèvres, 37.

THÉOPHILE GAUTIER.

LA
PEAU DE TIGRE

III

PARIS — 1852.

HIPPOLYTE SOUVERAIN, ÉDITEUR,

5, RUE DES BEAUX-ARTS.

NOUVEAUTÉS :

Auteur	Titre	Vol.
Alexandre Dumas	Le Dernier roi	4 vol.
Théophile Gautier	Partie carrée	3 vol.
Alex. Dumas fils	Le Régent Mustel	2 vol.
Luchet et Masson	Thadéus le Ressuscité	2 vol.
F. Mallefille	Mémoires de Don Juan	2 vol.
Amédée de Bast	Les Galeries du Palais de justice	2 vol.
F. de Bazancourt	Noblesse oblige	2 vol.
Frédéric Soulié	Le Comte de Foix	2 vol.
F. de Bazancourt	Les Ailes d'un Ange	2 vol.
Jules Poulain	Le Dartmoor	1 vol.
Alexandre Dumas	Le Drame de 93	7 vol.
Alphonse Brot	Comédiens ambulants	2 vol.
Elie Berthet	L'Ami du Château	2 vol.
F. de Bazancourt	Les Hommes noirs	2 vol.
Bertin	Léonie, histoire intime	1 vol.
Rockimgham	Le Dernier d'Egmont	2 vol.
F. Mallefille	Marcel	2 vol.
Gérard de Nerval	Scènes de la vie orientale	2 vol.
A. de Rostan	Songes d'amour	1 vol.
Alexandre Dumas	Mémoires de Talma	4 vol.
Frédéric Soulié	Les quatre Napolitaines	6 vol.
Claire Brunne	Trois époques	1 vol.
Id.	Une Fausse position	2 vol.
Félix Deriège	Les Mystères de Rome	7 vol.
Alex. Dumas fils	Trois Hommes forts	4 vol.
Id.	Antonine	2 vol.
Alex. Dumas	Montevideo	1 vol.
Frédéric Soulié	Les Drames inconnus	4 vol.
Id.	Aventures d'un Cadet	3 vol.
Id.	Le Château de Walstein	3 vol.
Id.	Amours de V. Bonsenne	3 vol.
Id.	Olivier Duhamel	5 vol.
Id.	La Comtesse de Monrion	4 vol.
Id.	Julie	7 vol.
Id.	Confession générale	7 vol.
Jules Lecomte	Venise	1 vol.
Claire Brunne	Ange de Spola	2 vol.
Balzac, Soulié, Dumas	Le Foyer de l'Opéra	13 vol.
Alex. Dumas fils	La Vie à Vingt ans	2 vol.
Jules Lecomte	Marie-Louise à Parme	2 vol.

www.ingramcontent.com/pod-product-compliance
Lightning Source LLC
Chambersburg PA
CBHW060354170426
43199CB00013B/1866